老僧が語る

京の仏教うらおもて

五十嵐隆明

思文閣出版

目次

序にかえて――京の仏教をふりかえる――

第一章　幕末・維新の荒波にもまれて

第二章　祇園のにぎわい

凡例

一、表記は原則として常用漢字を用い、現代かな遣いによるように努めた。ただし固有名詞その他特殊なものについては、これによらないものもある。

一、人名に付する敬称は、簡潔に表記し、昔人は一部省略した。また私事にかかわる場合には、人名等の一部を省略した。

一、年号は西暦で示し、元号は（　）内に表示した。

一、史料等からの引用は原文のままとすることを原則としたが、読み易くするために一部表記を変えた場合もある。

一、引用文献はそのつど明記したが、煩を避けるため一部省略した。

老僧が語る京の仏教うらおもて

序にかえて――京の仏教をふりかえる――

日本仏教は今から約千四百八十年前、インド・中国・朝鮮を経て伝えられた。そして人びとの思想・文化・生活に適合、浸透して影響を与え、同化し変容することで、独自の仏教が生まれた。

その特長は、国家を鎮護する道具とみなされ、僧侶も協力して、皇室と関係をもつ国家仏教となったことである。特に密教の呪術祈禱が重んじられ、人びとの生活にも現世利益《げんせりやく》を求めるにいたった。

最初、仏教は葬儀にかかわらなかったが、中世の禅宗伝来以降、中国の葬礼の法がもたらされ、僧が葬礼を司《つかさど》り、浄土信仰の普及とあいまって、葬儀が僧の重要な役割となった。

江戸時代に入り、寺壇制度が確立、家の宗教としての色彩を強くした。

また平安時代より、旧来の神道思想と同化融合するため、本地垂迹《ほんじすいじゃく》の思想を生みだした。

これは、対立を避ける妥協の産物で、日本人の信仰は諸教混淆《こんこう》の多神教の傾向がある。しかも、日本仏教は人びとの教化にたえず目を向け、社会救済の慈善・福利に努力してきた。

思想的には、純粋化の傾向が中世以来顕著で、法然・親鸞・道元・日蓮などを輩出した。こうして日本仏教は人びとと常に密接にかかわって、古代から今日にも影響を与えている。この観点から、明治以降の京の仏教界の動きを俯瞰《ふかん》してみよう。

明治維新政府は、宗教上国教復古主義と欧化主義をとった。そして、神道国家主義により仏教を廃棄した。皇室の葬礼は仏式からはなれ、門跡寺院の宮家は仏門を脱した。門跡称号は廃止されたが、一八八五年(明十八)になって門跡号の私称が許された。

僧侶は長年特権保護され安住していたので打撃は大きく、失意のなか、ようやく一八七五年(明八)信教の自由が認められ自由をとりもどした。また一八七七年(明十)以後は欧化主義によって、仏教寺院も少なからず影響を蒙《こおむ》った。

わが国仏教の中心として諸宗本山や門跡寺院・名刹《めいさつ》が集中していた京都は、明治維新の舞台となり、倒幕、攘夷、破仏、改革など各種の運動が入り乱れ混乱の日々がつづいた。

とくに仏教改革は、多年の習俗をうちやぶるもので、混乱は全国におよんだ。

一八七五年（明八）、寺院境内地《けいだいち》は法要に必要な場所を新境内とし、その他はすべて上地された。また朱印・黒印地の制度が廃止され、所有する諸寺院は経済的危機に瀕した。これによって無壇・無住の寺院は廃止令のもと統廃合された。

さきにふれた欧化主義は京都でも進められ、新島襄（一八四三〜九〇）が一八七五年（明八）十月、異教を破邪顕正《はじやけんしょう》として排斥してきた京都で、キリスト教の学校である「同志社英学校」を開校した。これには、京都府の槇村正直・山本覚馬らの理解があったからだ。今日の同志社大学の濫觴《らんしょう》である。

明治政府の仏教排斥の政策によって存亡の淵にたたされた仏教界は、深い反省と宗教的自覚をよびさます自浄作用と教団内部の機構改革による近代化によって教団相互の大同団結の動きを活発化した。

一八六八年（明元）十一月、興正寺摂信、相国寺独園、西本願寺針水の各師らが中心となって各宗管長によびかけて「諸宗道徳会盟」を結成した。

そして機構の整備と時代に即応した宗制宗規、布教、住職の規定などの制定に着手した。東西本願寺は、坊官制を廃し寺務所を開いた。各教団も追随し再編成の事業が推進され、各地に寺務出張所をもうけ、本山と末寺の関係も改善した。

とりわけ、西本願寺は欧州視察に着目、いち早く議会制度をとり入れた。今日における日本国の議会制度の規範とされたという。
一方で、分派独立の傾向が顕著となったのもこの明治の初期であった。

明治の仏教教団は、国の宗教政策に迎合しつつも、近代化の試みがなされた。

この時期、わが国は資本主義経済の発展を背に、海外に植民地を求めて軍事的に進出した。日清・日露戦争が勃発すると、仏教各宗はこぞって支持し、戦争遂行のための従軍布教や慰問、各宗共同で軍人戦没者の追悼法要などさまざまな側面から協力したのである。すでに結成されていた各宗派の仏教青年会・仏教婦人会は報国仏教青年会・愛国婦人会に改称、出征軍人家族の慰問などにあたった。

仏教が戦争という殺戮《さつりく》に反対することなく軍国主義の国家体制への追従は、その後、太平洋戦争にいたるまで続いた。これは仏教本来の平和と救済の精神にもとるもので、近代の歴史に暗い影を落としたといえよう。

また僧侶養成に関しても、新知識を身につけ、激動する社会に対応するため、学校組織をとり入れ、学寮・大学林・宗立大学などの機関の整備や設立をおこなった。注目すべきは、キリスト教の学校経営の影響をうけ、教団の社会活動の一環として一般家庭の子弟に対し、仏教精神を加味した一般学校教育をおこなったことである。

特長的なのは一八八八年（明二十一）、東本願寺が「京都府立尋常中学校」の委託経営をおこなうなど仏教各宗派は独自の中学校・女学校を続々と開設した。

このように明治期の各教団は、仏教の失地回復のため社会事業と伝道教化を結合して、国家の宗教政策に平行して推進してきた（本書第七章）。

これらは常にキリスト教の伝道・社会事業に刺激され、次第に盛んとなってきたといえる。一八八五年（明十八）一月、各宗の協力で慈善結社「洪済会」が誕生。医療事業では一八七一年（明四）十月に「京都療病院」、一九〇九年（明四十二）九月に東寺で「済生病院」が設立されている。加えて養育事業、罪を犯した人への教誨・保護事業も本格的にはじまっている。

そして布教のため仏教会の結成、各宗派の布教所・説教所の設置、仏教講演会開催などが活発化した。ついで仏教青年会は、各地に少年会・日曜学校を設立、児童教化の運動がこの時期隆盛を極めた。

一九一三年（大二）六月、内務省にあった宗教局が文部省に移管され、宗教行政が国家神道の体制から完全に分離された。

大正デモクラシーは、社会構造の変化と思想・文化の推移で、仏教界にも多大の影響をおよぼした。仏教系学校のより一層の近代化が求められ、各宗派こぞって学校経営に乗り出し、中・高等・専門学校を設立、経営がおこなわれた。

大正時代は、第一次世界大戦、その後の経済恐慌、関東大震災と社会不安が続き、仏教界は社会事業に重要な役割を果たした。免囚の保護強化・救貧・児童保護・医療事業と多岐にわたっている。

またこの時代、僧侶も政治的自覚が芽生え、上地返還運動や境内地開放、参政権獲得運動と政治的活動もおこなった。

かつて上地令によって寺院の境内地は没収され、経済的に困窮する寺院が出たが、返還運動が成就すると、逆に境内地の開放に協力する寺院がみられた。

一九二二年（大十一）一月、京都市社会課が寺院境内地の開放を計画、相国寺・建仁寺・大徳寺ら二十か寺の諸寺と交渉し、多大な協力が得られ、紫野中学の運動場、植柳《しょくりゅう》尋常小学校の敷地、各地の児童公園、市営住宅の建設地などにあてられた。

参政権獲得運動は一九一五年（大四）、西本願寺に各宗派管長が集まり「仏教連合会」を組織し、同六年、妙心寺で「仏教護国団」が結成され、実現に向かって運動が開始された。

その結果、一九二六年（大十五）、普通選挙法が制定され、僧侶にも被選挙権が認められたのである（本書第三章）。

昭和時代（戦前）　一九三一年（昭和六）九月、満洲事変が起こり、赤井義道南禅寺管長が教界初の慰問におもむく。三三年三月、満洲国建国宣言の詔勅が発せられるや、京都の各本山も聖旨《せいし》奉戴《ほうたい》の通達を末寺や檀信徒に出した。そして満洲移民がはじまると、東西本願寺は屯田僧《とんでんそう》を派遣した。

陸軍内部の対立により、一九三六年（昭和十一）二月二十六日、皇道派青年将校が千四百人の部隊を率いて、重臣および朝日新聞社などを襲撃、いわゆる二・二六事件が起こり岡田内閣は総辞職した（本書「昭和」邂逅１・２）。

翌三七年（昭和十二）七月、日中戦争が起こり、十月、国民精神総動員中央連盟結成。仏教教団も戦争協力し、その翌年には、東本願寺大谷光暢《こうちょう》・天竜寺関精拙《せいせつ》・禅林寺淵江《ふちえ》朴聞《ぼくもん》の各師らが中国北部を慰問した。

軍靴の足音はいよいよ高まり、一九四一年（昭和十六）十二月太平洋戦争へ突入、四三年に国民総動員令、翌四四年、国民総決起運動が起こされた。これにも大日本仏教会は協力、僧侶勤労動員計画が実施され、京都府においても工場の作業や、寺を錬成道場として工員の修練にあたった。軍需生産増強のため、仏教界は組織をあげて梵鐘をはじめ仏具類の金属供出運動を展開した（本書第三章）。ついで、学童疎開の受け入れや、境内地を畠として食糧増産に役立てた。

また防火対策として寺院の移動や、破壊が強制された（本書第三章）。

宗教を国家の統制下におくねらいで一九三九年（昭十四）四月、宗教団体法が公布された。一祖師一教団主義をとり、十三宗五十六派を統合整理するものであった。

これは、天皇を翼賛する臣道精神により成立した大政翼賛会（四〇年十月）に協力することにあった。

有力本山のある京都は紛糾に紛糾を重ねた結果、十三宗二十七派に統合されたが、終戦を迎え新たに宗教法人令（一九四五年十二月二十八日）が公告されるや、たちまち分散独立する教団が続出した。

昭和時代（戦後）　一九四六年（昭二十一）の「日本国憲法公布」は新たな時代の幕開けだ。「信教の自由」と「宗教法人法」の成立を得た宗教界は、分派・独立がふえ、雨後の筍のごとく新宗教の台頭をみた（本書第四章）。

社会は戦後復興目覚ましく、一九五〇年の朝鮮動乱特需景気にわき、五九年の岩戸景気と昭和三十〜四十年代は高度経済成長期であった。その反面、各種公害問題が深刻化し、一九七四年には狂乱物価を引き起こし企業倒産は多数の失業者を生みだした。

各宗派は、みずからの再生と、これら社会の歪みに対応すべく、同朋運動・おてつぎ運動などの名のもと教化を前面に新たな動きにでた。

また一寺院単位や、宗派を越えた連帯の教化活動は市民の注目を集めた。その一方、いつの間にか立ち消えた寺院や、週刊誌沙汰となった宗教法人もあった。

寺院の経済的安定をはかり、時代に即応した事業の推進によって地域社会に貢献しようとした組織が生まれた一方で、社会のニーズに合わず、反社会的行為によって消滅した団体もあった。

この間、一九五〇年には文化財保護法が、同時に京都は国際文化観光都市建設法が制定され、京都の名利は庭園の史跡名勝をはじめ多くの建物・絵画・墨蹟などが文化財に指定され、昭和の大遠忌（一九六一年）、大阪万国博覧会（一九七〇年）、映画のロケーション、旅行会社の〝女ひとり旅〟企画などで一大観光ブームが続いた。ホテル不足によって民宿や本山クラスが会館の建設に走った（本書第五章）。

この観光ブームに着目した高山義三京都市長（一八九二〜一九七四）は拝観料から観光税

を徴収することとした（一九五六年十月）。

七年半の期限をさらに五年間延長、六九年（昭四十四）終結した。のち、このときの覚書は時効と再び「古都税」を持ち出した（一九八二年）。

しかし、対象寺院の反対で施行後二年余で廃止せざるを得なくなった（本書第六章）。

他方、戦後の宗教改革によって宗派と本山・末寺との関係は、教義の上は本山が中心であるが、法人法上は別々の法人格となり、むしろ対等であるとの考えから（一九六二年）、宗派規則を変更、管長の公選制をおこなう方向が打ち出された。真言宗本山東寺は宗派から離脱、真宗大谷派は門主大谷家との対立が長きにわたり、その財産争奪は裁判沙汰にもなった。

宗派本位か、本山中心か、民主化と伝統のはざまの問題として注目された。

ここで、この時期に惹起した寺院移転問題と先祖の墓碑の問題にふれておこう。

都市の過密化はますます進み、京都市でもご多分に洩れず深刻な問題となった（本書第四章）。

一九六二年（昭三十七）頃から市中寺院が雑踏を逃れ、郊外の静寂の地を求めて移転する傾向がみられた。その理由は、千差万別である。一つは都市計画（道路拡幅・地域再開発など）でやむなく協力する場合。また一つは建物の老朽化が進み、その資金捻出のため、境内地を売って移転し新たに寺院を建設するもの。また、人口のドーナツ化現象で宗教活動に弊害をきたし、檀家離れを杭止《くい》めようとするものなど。

だが、境内墓地を有する寺院の移転の適地は少なくなってきた。受け入れ先の地域住民の同意も必要であるが、浄なる墓苑も地元の人びとにとっては、周辺の不動産価値が下がると年々反対が多く、移転が不可能なのが現状である。今日までに移転した寺院は約七十か寺ほどで市内寺院の約四％、嵯峨・岩倉・山科方面が主な移転先である。

戦後の家族制度の崩壊と、核家族化、人口の都市集中化は、一時墓地不足という問題に直面した。その解消のため京都市は一九五八年（昭三十三）伏見深草の山麓に広大な墓園を開発。六五年（昭四十）、西本願寺が西大谷本廟に十階建ての納骨塔無量寿堂のビルを建設した。

行政は旧市内における寺院墓地の新設・増設は原則認めなかったため、不動産業者や石材業者は、市の周辺部や府下とくに宇治方面での開発をおこなった。東山浄苑（施設内納骨形式）・西山霊園・八瀬霊園などの公園墓地が設置された。

一九六七年（昭四十二）五月、当時の京都府仏教会とタイアップし、西山山上に広大な墓地分譲団地を開発した宗教法人仏舎利苑《ぶっしゃりえん》は、多くの石材業者がとり巻き、顧客獲得のトラブルで物議を醸《かも》した。

醍醐の随心院では、前執事長が霊園開発にさいし、業者に実印を渡し多大の借財を被り、宗派が肩代わりした事件や、西本願寺北山別院では、輪番が某電鉄開発部と共謀して墓苑開発のため旧墓碑の跡と擬装し、行政への申請書類の公印も盗用したことが発覚、この計画案は白紙撤回された。

一方、市中寺院の墓地にも変化があらわれている。かつて一家で数基あった墓碑を一基に集約する。あるいは二～三の縁故ある寺に分骨されたご先祖を一か寺にまとめる。これは、少子化とともに、経済的理由や先祖崇拝の意識の希薄からで、民法の規定の「系譜、祭具及び墳墓の所有権」の承継を放棄する傾向もみうけられた。

寺側においても、複雑でまた経費のかかる墓地改葬（無縁）公告の手続が簡略化され、官報の公示で処理できるようになった。

また、葬儀の形式の簡素化にともなって埋葬の方法も随分変化してきた。共同墓に合祀するもの、樹木葬、散骨（空中・海）などがあげられる。

京都市衛生局は、中央斎場での残骨を、瀬戸内海で散骨しているという（椋田元市会議長談）。

公園墓地として開発新設された霊園は宗派を超えて分譲しているが、既設の寺院境内墓地においても最近宗旨を問わないと標榜するところがある。門戸を開くことも必要であるが、新宗教の信者とトラブルも発生している。

異教徒でも既得権の墓地の納骨は拒否できないが、「その寺の典礼（法要形式）でおこなわなければならない」と、かつて津地方裁判所の判決を最高裁も支持した経過があるので、寺側もその対応が必要である。

今、市内の石材商の店頭には、寺院霊園の紹介の看板が多々みうけられる。かくして、京都市内の寺院境内墓地の狭隘《きょうあい》は解消されたのである。

一方、最近のペットブームにより、犬猫の終末まで看《み》とる方々は、みずからの墓の脇に碑を建立したり、鳥獣碑を探し求めているようだ。

一九七三～四年以降、京都の浄土教教団は、宗祖の開宗あるいは生誕記念法要を機に、また他の教団も時代に合った体質改善をおこない、社会の変動を乗りこえ、従来の惰性の流れから脱却し、檀信徒の強化のため再組織がとりくまれ、各宗派が連携して教学の振興、布教の近代化、福祉活動が推進された。この時代を「昭和の中興」とよぶ（本書第五・七章）。

一九八九年（昭六十四）一月七日、昭和天皇崩御。激動の昭和の時代は終焉する（本書

「昭和」邂逅3・4)。

平成に入り、これまでの好景気も一九九一年(平三)にバブルが崩壊、九五年(平七)の阪神・淡路大震災の復興、そして二〇一一年(平二十三)の東日本大震災、これには大津波、原発事故を併発、多大の事故はまさに日本沈没の状態だ。

この失なわれた二十年は私たちの価値観を崩し、戦前は〝国のため〟戦後は〝企業のため〟という行動規範から規制緩和の自由化は経済格差を生み自己中心的な社会となったと思われる。科学万能の安全安心の神話は失なわれ、不安や虚しさが残り、失業者の流浪の民は、公園やビルの谷間での段ボール生活、生きることに失望した自殺者は一時年間三万人に達したという。孤独感から絆や愛を求め、今日、目に見えない大いなるものにすがりたいと願う人びとが増えている。

仏教教団は、平成の大遠忌や各種法要を円成(教団によってはこれからのところも)、多額の浄財を募《つの》り堂塔伽藍《がらん》の修復も終え、各宗派はポスト大遠忌、開宗記念法要に向って立案中である。

今、各地の世界遺産の旅や霊場巡礼が再びブームとなっているそうだ。心を癒やすため結構なことだが、仏教者は手を拱《こまね》いてただ待つのではなく、先の二つの大震災のとき多くの教団やその各組織が募金や被災地へ衣を作務衣《さむえ》にかえボランティア活動に参加した如く、一過性でなく、常に国や社会の安泰と平和を祈り、亡き人びとの菩提を弔い、教化の実践活動を主眼に、悩める民草に寄り添いいろいろの問題を摘みとるため、大きく舵を切り社会を変える大きなうねりと行動へと発展させるべきだ。

（記述の一部は『京都府百年の年表・⑥宗教編』〈一九七〇年、京都府〉によった。以下、『府百年の年表・⑥宗教編』と略称）

第一章

幕末・維新の荒波にもまれて

維新黎明期の寺々

「癸丑《きちゅう》以来」ということばが、幕末のときたびたび用いられた。これは一八五三年（嘉永六）が干支《かんし》の癸丑に当たり、ペリーの黒船四隻が開港をせまって浦賀に姿を見せてから世のうつりかわりの時期として「癸丑以来」というのだ。

この黒船の来航が契機となって、京都も幕末政争の舞台と化し、町をも大きく変貌させていった。

第十四代将軍家茂が一八六三年（文久三）三月、二百三十年ぶりに入洛した。これは攘夷決行をめぐる朝幕の対立という、政治問題解決のためであった。

これにともなって諸国の大名がつぎつぎと上京し、公武合体派と尊皇攘夷派の対立が日増しに激化してきた。

この動きは京の寺々にも、少なからず影響を被《こうむ》ることとなる。

上洛した諸大名は、大寺院をその宿所としたからである。

「文久二五月ヨリ御上京御大名衆御旅館付」や「文久泰年末世之噺御諸侯本陣付」などによれば、一橋と越前福井が東本願寺、水戸が本国（圀）寺、加賀が建仁寺、薩摩が知恩院、長州が天竜寺とあり、以下序列すれば次の通りである。

大徳寺—長州府中・防州徳山・筑前福岡
南禅寺—肥後熊本・阿波徳島
仏光寺—安芸広島
仁和寺—出羽秋田
清水寺—出羽米沢
本覚寺—伊予松山
双林寺—対馬府中
真如堂—肥前佐賀
永観堂—美作津山

六角堂—丹波笹山
高台寺—石見津和野
妙心寺—備中新田
大雲院—日向佐土原
養福寺—長州清末
因幡薬師—越後高田
十念寺—伊予大洲

これには記述がないが、京都守護職を命じられた会津藩は黒谷金戒光明寺に本陣を置いていた。百万辺知恩寺も会津藩。

しかし、入京諸大名の大半が、京屋敷をもっているが、一部の大名屋敷をのぞいて江戸と異なり規模も小さく、藩邸としては脆弱《ぜいじゃく》であるためなのだ。

加えて、政治的意図も考えられる。それは、朝廷権力と結びつく有力寺院に宿所を置くことが有利とみたからだろう。一方、政治には無縁であったはずの寺院が、大名の駐屯《ちゅうとん》によって武士の側に組み込まれるという政治的意味あいが加わり、都市景観より都市構造が変容したといえるのではないか。

諸大名が各寺院をどのように選んだのだろうか。まずあげられるのが、大本山級の寺院は全国各地に末寺を有し、それぞれの縁故の紹介で決まったと思われる。

私の属する本山永観堂は浄土宗である。美作津山藩は、宗祖法然上人の生誕地である。私の寺の養福寺はその末寺であるが、有栖川《ありすがわ》宮家ゆかりの寺（後述）と、長州山口には同門の寺々があり、その仲介で長州清末藩の宿所となった。しかも、長州藩邸（現：京都ホテルオークラ）へは徒歩十分の至近距離にあったからであろう。

ついで、各藩御用達《ようたし》の京都商人は、各本山へも出入、あるいは同業者が中立ちを行う地縁的なつながりで決められたこともうかがえる。

さらに、大名各藩の寺院の駐屯に対し、大手寺院の特異な対応があった。東西両本願寺である。西本願寺は一時、新選組の屯所を提供したものの、その狼藉《ろうぜき》ぶりを理由に、費用を出して不動堂村屯所へ移らせ、あとは勤王・佐幕両派とは一切かかわりをもたなかった。

一方、東本願寺は一橋藩と越前福井藩を受け入れている。

穿《うが》った見方をすれば、本願寺十世証如から十一世顕如の時代、大坂石山本願寺を拠点とし、一五七〇年（元亀元）から十年間も信長と戦った。世にいう石山合戦である。

石山合戦は講和し一五九一年（天正十九）、豊臣秀吉から六条堀川（現在の西本願寺）の地を与えられた。翌一五九二年（文禄元）、顕如が入寂し長男教如が十二世を継ぐ。ところが一五九三年隠退、十三世を弟の准如にゆずる。しかし教如は徳川家康の援助を得て一六〇二年（慶長七）、六条烏丸に大伽藍を建立したのである。

この間の本願寺継承の内実は、「顕如譲状」のもと兄弟の確執があり、この機にときの権力者家康が、大本願寺の一大勢力をそぐため東西本願寺に分断したといわれている。

しかし、東西分派について、権力によっての説は誤りで、宗門内の石山合戦によるという。二〇一三年（平二十五）四月、教如上人四百回忌記念シンポジウムが開かれ、草野顕之《けんし》大谷大学長によると「王法と仏法のせめぎ合いの中で、教如上人は租税免除など自治権を持つ寺《じ》内町《ないまち》・石山本願寺を守ろうとし、門徒衆が一つの勢力になった。家康は家臣の助言を受け、その集団を追認したことが、本願寺の東西分派につながった」というのである。

東本願寺は、このときの恩義からか徳川一門を支持し宿所として受け入れたのだろう。

一方、浄土宗に目を向けると、知恩院・浄福寺が薩摩藩、天性寺・養福寺・玄忠寺が長州藩、壇王法林寺が肥後藩、大雲院も日向佐土原藩と討幕勢力の宿所となり、金戒光明寺・百万辺知恩寺は勤王派の会津藩の宿所であった。

これは宗派の対立では全くなく、古来から権力が二分されたときに対応する智恵でリスクの分散だと考えられる。いわば教団の生き残り策であろう。

新選組の台頭で翻弄された寺院

幕末の変革期に足跡を残し、時代の逆行にもかかわらず幕府への忠誠をつくした壬生《みぶ》浪士、やがて新選組と名づけ位置づけられ、士道を貫いた一面、その狼藉ぶりに翻弄された寺院を追う。その発端は一八六三年（文久三）二月、将軍家茂上洛のとき、警護として関東東北地方で集められた浪士隊二百三十余名で、壬生新徳寺に本陣を置いた（壬生寺の東側、臨済宗永源寺派に属する）。

浪士隊長清河八郎は、将軍家茂上洛の警護の責任を果たしたあと、浪士をつれ江戸へ引きあげた。

一方、あくまで将軍のため京都にとどまるべきだと、芹沢・近藤ら二十四名は、京都守護職の預りとなり、新たに浪士を募集、武家伝奏により「新選組」を拝命、市中取締の任務を与えられる。本拠地を壬生寺北側の八木邸（坊城通綾小路角）を壬生屯所《とんしょ》とする。

隊士募集を再三行い百三十四名に達し、近くの前川邸をも併用することとなった。六月には隊の統制を計るため、局長・副長の職制と「局中諸法度《きょくちゅうしょはっと》」をつくる。

一八六四年（元治元）六月夜、新選組は例の「池田屋」を襲撃する。この騒動の翌日、検証後、即死者の死体と付近に倒れて死んでいた者合わせて九人の遺体を四斗樽に詰めて、三条大橋東詰南の浄土宗三縁寺にかつぎ込んだのである。

驚愕したのは寺側であろう。私の寺の養福寺の北隣りでこれまで尊皇攘夷派の志士と密接な関係で受け入れたのか、池田屋旅館は鴨川をわたって五〜六分、関係者が知人であったのか懇《ねんご》ろに葬られた。

私の寺同様、一九七九年（昭五十四）、京阪電鉄の地下鉄化にともなう地域周辺の再開発で、三縁寺も岩倉花園町に移転した。

現在その跡地（京阪三条駅ターミナル東端）に「池田屋事変殉難烈士之跡」の碑が建てられている。二〇一三年（平二十五）六月、烈士没後百五十回忌にあたり、三縁寺で法要が厳修された。

新選組はこの池田屋事変の功により、幕臣ではないが「格式」の地位が与えられる。隊士の数も増加したので、一八六五年（慶応元）二月、西本願寺境内北集会所に屯所を移した。

新選組はこの時代の申し子で、武士の出でなく、その多くは農民など社会の底辺で育った

不動堂村屯所跡の碑

無頼《ぶらい》の集団、いわばアウトサイダーであった。

でも一部の浪士のなかには、局長となる近藤勇は天然理心流の剣士で江戸で道場を開いていたし、芹沢鴨は水戸郷士で神道無念流の師範であった。

その多くの浪士は壬生浪といわれたごとく無手勝流の剣法であり、礼儀作法などわきまえない輩が多く、おそらく壬生寺の境内をわがもの顔に闊歩し、一部の隊士は茶屋や料理屋の借金も踏み倒したようだ。

「局中諸法度」の掟も、隊士急増で破ぶるものが出て、西本願寺屯所に移ってからも、善男善女の参詣する本堂から見えるところで隊士の切腹があったり、拷問が行われるなどに閉口した西本願寺が移転費用を出して、堀川通塩小路（現在のリーガーロイヤルホテル敷地内に碑が建立されている）の不動堂村屯所へ移った（写真参照）。西本願寺屯所の時代は、一年四か月。

幕末・維新の事件で葬った寺々

光縁寺(浄土宗/下・綾小路通大宮西入) 25人の新選組隊士が葬られている
悟真寺(浄土宗/伏・榎町) 鳥羽・伏見の戦いで幕府軍の士が埋葬されている
三縁寺(浄土宗) 本文参照
相国寺(臨済宗相国寺派/上・今出川通烏丸東入) 塔頭林光院墓地、禁門の変や鳥羽・伏見の戦いなどの薩摩藩戦死者の墓がある
上善寺(天台真盛宗/上・今出川通千本西入) 禁門の変で討ち死にした長州藩士8名の首塚
竹林寺(浄土宗西山禅林寺派/上・下立売通御前西入) 禁門の変の大火のとき、六角牢で斬首された平野国臣ら約30名の志士の遺骨が埋葬される
壬生寺(律宗/中・壬生梛ノ宮町) 新選組隊士の墓、近藤勇の胸像も建つ
常楽寺(浄土宗西山禅林寺派/中・裏寺町通蛸薬師下る) 池田屋騒動ののち探索で会津藩士に誤って刺され切腹した土佐藩麻田時太郎の墓所

出典:『京都時代MAP　幕末・維新編』(光村推古書院、2003年)

一八六七年（慶応三）春の頃で、この屯所の構《かま》えは表門、高塀、式台玄関、使者の間などが揃った大名屋敷風の立派な建物であったが、わずか六か月で市中警護の役を解かれ、伏見奉行所跡に屯所を移し、幕府軍の一団として倒幕派を迎え撃つが、火力に勝る薩長軍の攻撃にいかんともし難く敗退の一路をたどるのである（鳥羽・伏見の戦い――一八六八年（明治元）一月）。

幕藩体制が崩壊へ向けて走り始めたときも、新選組は徹頭徹尾幕府への忠誠をつくし、士道を貫いた。都大路を浅黄麻《あさぎあさ》の山形模様の羽織姿で駆けめぐり町人から恐れられた新選組も、結成以来わずか五年、所詮時代の徒花《あだばな》にすぎなかった。

このように勤王・佐幕をめぐる激しい抗争は、京中を血なまぐさい渦に巻き込んだ。

その表舞台では、近藤勇・土方歳三・沖田総司らの新選組、桂小五郎・坂本龍馬・中岡慎太郎らの倒幕派の花形スターたちが都大路を駆けめぐった。

今日も多くの人びとが、往時の面影と足跡をしのんで各所を訪れている。

しかし、これら幕末動乱期の影で苦しみ、悲しんだ町衆がいるし、まして各大名藩士を受け入れ騒動の後始末をした寺々のことも忘れてはならない。

西海に消えし、幕末の隠士――噫、清水寺月照上人――

清水寺成就院住職忍向《にんこう》月照上人は、幕末の勤王の僧として弟の信海上人とともに活躍した。大坂の医師玉井宗江の長男で俗名は宗久という。一八三五年（天保六）成就院《じようじゆいん》の住職となる。

和歌を通じて近衛忠熙《ただひろ》を知り、さらに薩摩の西郷隆盛、水戸の鵜飼吉左衛門父子を知り尊皇攘夷運動に挺身《ていしん》する。

一八五八年（安政五）、違勅条約調印非難の密勅降下に成功するが、安政の大獄後の危険が迫るなか、成就院は多くの志士たちの密会の場所となった。円山清閑寺郭公《かつこう》亭から月照上人らは頭から袿襠《うちかけ》をかぶり、駕籠に乗って伏見に出、西郷・海江田《かえだ》信義と薩摩へ逃れるのである。

しかし、頼みの薩摩藩は月照上人の滞在を拒絶した。前途を失なった彼らは、同年十一月十六日の月明りの夜、西郷と相抱いて錦江湾に投身した。

西郷は助けられ蘇生したが上人はすでに息絶えていた。保寿四十六歳であった。

辞世の句は、

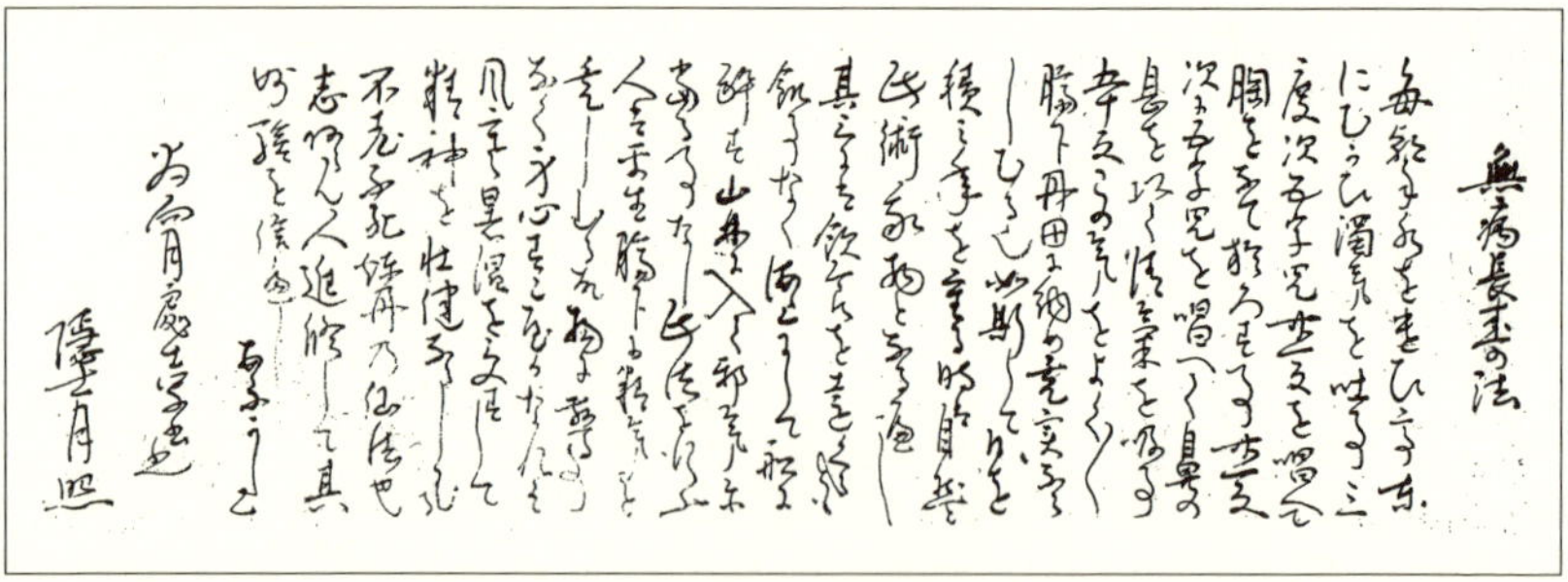

「無病長寿の法」

曇なき　こころの月はさつま潟
　沖の波間に　やがて入りぬる
大君の　為には何か惜しからん
　さつまのせとに　身は沈むとも

兄の月照上人のあと成就院住職を継ぎ、安政の大獄で捕えられ一八五九年（安政六）三月、獄中で死んだ信海上人の辞世。

西の海　東の空とかはれども
　こころはおなじ　君が世のため

門前には月照・信海両上人と西郷隆盛の碑があり、両上人の墓は、清水の舞台と錦雲渓をへだてた子安塔の近くに安置されている。

興味深いことがある。私の手元に軸装された一片の巻物のことだ。「無病長寿の法」（図版参照）とある。その最後の為書に「為向月処士写出之」と。「向月処士は、忍向月照（本人）の後に続く世直しの志ある者の為に之を写出した」と読める。

文面を要約すると、
毎朝、手水《ちょうず》をつかうとき、東にむかって濁気を吐く事三度、五字呪（真言のまじない）を唱えて胸をなでおろすこと廿一度、鼻の息を以って清気を吸うこと五十返、この気を臍下丹田《せいかたんでん》に納めれば身体は充実し、飲食なくとも飢えることなく、船酔や、山林の邪気に当ることとなく、常に身心壮健にて不老不死の仙法である。この修法を持続しその妙験を信ずべし云々……

とある。

この一筆はのちの志士のため入水《じゅすい》前にしたためたものだ。

僧といえども動乱のとき、改革のために立ち向わんとの行為は、まさに〝代受苦〟といえよう。

さきの逃避行のとき、伏見まで随行した寺侍近藤正慎について述べておこう。

この年十月、新選組に捕えられ、拷問を受けたが、ついに月照上人の行方をあかさず、舌をかみ切って自殺したという。清水寺境内に「勤王志士近藤正慎之碑」が建っている。

千古の都、京は昔から地縁の絆が強い。今もつながりがある。

人間国宝の陶芸家近藤悠三氏（一九〇二〜八五）のことである。同氏は父近藤正平、母千鶴の三男として清水寺新道石段下（ちゃわん坂）で生まれた。父は宮内省の官吏であった。祖父がさきに述べた寺侍の近藤正慎で、その生き様《ざま》は悠三氏に多大な影響を与えた。

一九二四年（大十三）、自宅に仕事場を造り、本格的に作陶をはじめる。また自作を売る店「念々洞《ねんねんどう》」を開業している。今は「近藤悠三記念館」となっている。

民芸の河井寛次郎氏・濱田庄司氏の影響を受け、富本憲吉氏の助手として腕を磨く。

専門的なことはわからないが、その評伝によると、作風は「様々な手法を模索しながら呉《ご》須《す》染付を追求し大成した。晩年には赤松や墨彩が施された大皿の制作に挑戦、重要無形文化財「染付」保持者の認定を受けている。同氏は、賞や名誉のために画策したりすることが嫌いで、謙虚で意志の強い、古きよき日本人としての美徳を見る。その古武士の潔《いさぎよ》さは、義のために死んだ祖父の生き様も大きく影響している」と（『人間国宝・近藤悠三——染付の美　生誕百年記念』展図録所収の山口和子解説参照、茨城県陶芸美術館、二〇〇二年）。

私の寺と縁のある妻光子さんについて少しふれておこう。悠三氏とは一九二六年（昭元）七月に結婚しておられる。出自は、明治後半から、大正・昭和初期にわたって活躍した美術商高田新助氏（採古堂）の末裔である。新助氏は全盛期に、四条通大和大路東入るの祇園町南側十六に大邸宅を構えた。土蔵三棟には美術の逸品を貯え、大工棟梁一家を邸内に住わせ、日夜営繕にあたらせたというほどの豪邸であった。

二階からは、建仁寺の寺々の甍《いらか》が手にとるように望めたという。

かの巨匠富岡鉄斎翁の強力な庇護者でもあった。

悠三夫妻は晩年までお盆には必らず八瀬にある養福寺の高田家の墓碑に参られ、今もその関係者が訪れている。

渋い演技で定評のある俳優近藤正臣氏も同じく子孫である。三条木屋町で生まれ、幼少のころは壇王法林寺の壇王保育園で育っている。

同寺のいろいろな記念法要や催しにも出席されお会いしてきた。

文明開化と西本願寺

文明・開化の文字は、中国古典のなかにでてくるそうだが、「文明開化」の熟語となるのは幕末のことである。

一八六七年（慶応三）刊行の福沢諭吉の『西洋事情』でもうかがうことができる。

このことばは広く流行し、当時のはやり歌にもでている。

いち早く西洋文物を受け入れようとする動きは、新政府の外務卿岩倉具視一行の使節団の一八七一年（明四）十一月から二年にわたる欧米視察が代表されるが、太政官によって「外国航海の出願規則」が定められた。一九七〇年（明三）五月、民間の京の町人が中国貿易を出願している。

目を引くのは一八七二年（明五）、西本願寺が海外布教の語学習得のため僧侶を派遣していることである。

「光妙寺以然をドイツ、専修寺教阿、徳応寺連城をイギリス」と石附実『近代日本の海外留学史』にみいだすことができる。

進取の気風に富む西本願寺は、一八六七年（慶応三）、本願寺二十一世明如のもとで学校制度の大改革がはかられた。このとき議会制度も見聞し、宗派で採り入れた。

まず島地黙雷・赤松連城らを欧米に派遣して西洋の教育事業を視察させた。

島地黙雷（一八三八～一九一一）は山口県の出身で浄土真宗本願寺派の巨匠。西本願寺の参政となり、維新の変革では新政府に教部省の開設を建議し新聞の発行もした。欧米の宗教事情を歴遊の帰途、インドの仏跡を巡拝している。

帰国後、神仏分離をとなえ、大教院制を廃止し各宗派の独立に努力した。日本赤十字社の

龍谷大学大宮キャンパス本館

創立など、多方面に活躍した。

赤松連城（一八四一〜一九一九）は金沢県の生まれ。山口県の徳応寺に入る（先述の徳応寺連城と同一人物）。

前述の如く、本山から派遣され英・独に留学、島地黙雷と神仏分離運動で活躍し、宗政と興学に尽力した。とくに、学校改革には宗学以外の学問をも採り入れるなど、「西欧」を積極的に導入した。本願寺教学の近代の根幹をつくった人師である。

やがて一八七九年（明十二）五月、洋風建築による大学校の校舎（現在の龍谷大学大宮学舎）の落成につながるのである。

この建物は国の指定重要文化財で木造石貼りの本館や、赤煉瓦の守衛所、アーチ形の窓が連なる北黌《こう》・南黌など、明治期のモダンな擬洋風建築としては西日本最大級であり、かの鹿鳴館（一八八三年築）よりも四年早く竣工し現在も使用されている（写真参照）。

また、東京築地本願寺には先の大戦の罹災をまぬかれた巨大なパイプオルガンがある。これなども欧米化のあらわれである。

龍谷大学瀬田キャンパスには樹心館がある。一八八五年（明十八）、大阪南警察署の庁舎であったが、払い下げられ、西本願寺境内の一角に図書館のち宗務所として移築されたが、瀬田学舎の開設にあたり、そのシンボル棟として一九九四年（平六）春、再びこの地へ移築された。

通称グリーンハウスとして親しまれた擬洋風建築物である。他に伝道院（下京区油小路通正面の東南角）や、神戸新開地のモダン寺など多々ある。

幕末を生きた市井の小寺

縄手通の四軒寺、『京都鑑《かがみ》』所収の三条下る四か寺はいずれも浄土宗で、そのなかに私の養福寺もあった（都市再開発で一九七六年（昭五十一）十月、左京区の八瀬へ移転）。

同寺は、一六〇七年（慶長十二）創建で、歴世三十代四百年余の歴史を有する。その間、歴代の住職は懸命に寺を護持してきた。とりわけ苦労したのは、宝永（一七〇八）・天明

（一七八八）の大火と、幕末期の住持ではないだろうか。

安政（一八五四〜五七）になると、諸外国から開港を迫られた幕府が勅許を得ないまま通商条約を結ぶ。それによって国内は攘夷派と開国派に分かれて、血で血を洗う争いが絶え間なく起こるようになる。

時代はくだるにしたがって混迷を深め、一八六二年（文久二）から三年にかけて、天誅と称して尊皇攘夷派の志士による暗殺事件が立て続けに起こる。連日、殺された人の首が三条大橋や三条河原にさらされた。安政の大獄の復讐である。無辜《むこ》の町人も殺されているのだから、京都は無政府状態におちいった。

幕府の権威が失墜し、朝廷に期待する動きが活発となり、京都はふたたび政治の表舞台となった。さきで述べたごとく、屋敷を備える大名が急増。文久三年を境にして、その前後の一年間に入京した大名は五十にものぼった。入京する武士が増えたために、大名屋敷だけでは収容しきれない。受け入れる寺院方は、存亡をかける場合もあったのではないだろうか。

一方、同門の光明寺（長岡京市）においても、一八六七年（慶応三）十二月初め長州藩騎兵隊ほか七隊三千余人が来り宿陣。翌年正月三日、鳥羽・伏見の戦いに出兵するまで帯陣した。隊中より謝金が上納されたので寺の修繕費にあてた（『光明寺沿革誌』昭和七年刊）。

養福寺旧本堂
（文化年間、円山長楽寺から移築、文久３年、長州清末藩の宿陣となる）

京都における幕末という時代を見渡すと、最も大きな影響をおよぼしたのは長州藩といってよいだろう。その長州藩の一支藩である長州清末藩が、養福寺を宿舎としたのであった（写真参照）。清末藩の兵が滞在した理由は、長州藩の河原町屋敷（現在の京都ホテルオークラ）に近接していること、また、有栖川宮熾仁《たるひと》親王の息女が長州藩第十代毛利斉房に嫁いでいたことがあげられる。

『熾仁親王行実』には「因に幕末維新に際し、毛利家の有栖川宮家の指示を仰ぎし事多きは蓋し如上の旧縁に拠れるなり」とある。この文から推測されるのは、有栖川宮家を通じて祈願所の養福寺が選ばれたということである。文久三年五月から六月にかけて、長州藩は、幕府の許可を得ずに下関海峡を通過する米・仏・蘭の船を砲撃するという暴挙に出て、反撃され大敗を喫している。そんな長州藩が養福寺に来るのだから、住職の緊張たるや大変なものだったろう。

この頃、長州藩の藩主毛利敬親は長州から動けず、敬親の信頼が厚かった清末藩の毛利元純が文久三年八月一日、京都に入る。しかし、清末藩が養福寺に滞在した期間はわずか七か月ほどであった。八月十八日の政変で、攘夷派の七人の公家とともに、長州兵はあわただしく引きあげていったからである。その後の長州藩の動きを考えると、清末藩の逗留が長期におよばなかったことが、養福寺には幸いしたかも知れない。

文久に続く一八六四年（元治元）は京都にとって、最悪の年となった。まず、六月五日には新撰組による池田屋騒動が起こる。主に長州藩の志士たちが襲われて多数死傷した。このとき、土方歳三率いる一隊は、三条縄手の四国屋に踏み込んだ。しかし、敵がいなかったために、池田屋襲撃に合流したという。この池田屋事件で同志が殺されて長州藩が黙っているはずはなく、同年七月十九日、ついに幕府と正面衝突、蛤《はまぐり》御門の変が勃発した。

長州軍と御所を守る諸藩が戦端を開き、河原町御池の長州藩屋敷から火の手があがった。大砲の砲火による火事のほか、幕府軍が長州兵をあぶりだすために、京都の町に火を放つ。

不運なことに、当時の京都は四十五日間晴天続きで極度に乾燥していた。北は中立売、南は七条、西は堀川、東は鴨川まで、下京のほとんどが焼け野原となった。これが通称、鉄砲焼けである。ただ逃げまどうしかない町人の姿が目に浮かぶようである。業火《ごうか》ともいうべき、この大火は米価を高騰させる。盗人は横行、町民はさらに苦しめられることとなった。

文久から元治にかけて、養福寺住持は第二十一世の恭空《きょうくう》上人であった。随分、苦労をされたことと思われる。

およそ十年間の幕末の激動は、養福寺に政変の辛酸を嘗《な》めさせたことは想像に難くない。ただ、この鉄砲焼けで、養福寺が延焼をまぬかれたことは幸いであった。

八月十八日の政変

一八六三年（文久三）三月、長州・土佐藩の尊皇攘夷派権力に支持されていた三条実美や姉小路公知などの公家が朝政の実権を握り、上洛する将軍家茂に攘夷決行の期限明示を要求。将軍と同行の一橋慶喜は、孝明天皇から攘夷の勅命を受けることを避けようとしたが、ついに四月、五月十日を攘夷期限にすると朝廷側に約束させられた。ところが現実には、生麦事件などにみられるように日本人が外国人を殺害した事件に関して、幕府は賠償金を要求されており、鎖港の交渉に入るどころではなかった。そこで幕府は攘夷派の公家を京都から一掃するクーデターを計画。これに京都守護職の会津藩と薩摩藩、穏健派の公家が協力して、八月十八日に天皇に迫り、勅許を出させた。

晴天の霹靂《へきれき》ともいうこの出来事で、三条以下七人の公家と長州藩兵数百名は、午前三時、雨のなかを長州へ落ちていった。三条実美の日記には、逃げる途中「三条縄手より御提灯数十張御灯させ被成候事」（『三条実美公記』）とある。この「三条縄手」は養福寺を指していると思われる。なお、この直後、朝令により留守居役を除き、京都長州屋敷から全ての兵が引き揚げさせられた。クーデターは成功したのである。

第二章

祇園のにぎわい

社寺領上地令

神社分離令をきっかけに過激な排仏毀釈《はいぶつきしゃく》の運動が起こる一方、一八七一年（明四）一月、社寺領上地の太政官布告がだされた。この趣旨は、幕府の大政奉還（一八六七＝慶応三年十月）によって各藩が領地を奉還したので、社寺領も境内地を除くほか上地すべしとあり、各社寺の朱印地や除地（免租地）が上地の対象となった。

浄土宗総本山知恩院は維新前六万坪の境内山林があったが、上地令によって所領および門前八か町、山林一万六千坪を上地され、維持困難となり数十万円の負債が生じ、一時破産寸前に追いこまれたという。

京都を代表する花街祇園町はこの上地令によって栄えることとなる。祇園は、はじめ八坂

社寺領上地面積

区分	全国(A)	京都府(B)	(B)/(A)×100
神社数	132,912社	1,319社	1.0%
神社用地	87,200町歩	1,793町歩	2.1
境内	16,529	380	2.3
境外	70,670	1,413	2.0
寺院数	51,247寺	1,673寺	3.3%
寺院用地	52,800町歩	2,887町歩	5.5
境内	9,079	621	6.8
境外	43,743	2,266	5.2

注：地租改正報告書(明15・2)から作成
資料：明治前期財政経済史料集成7
　　　社寺境内地処分誌(大蔵省)

神社の門前町として鎌倉時代から発生していたが、応仁の乱（一四六七〜七七）にて烏有《うゆう》に帰すが、再び〝祇園会〟が復興するにつれ参詣人目当ての水茶屋ができたのが、今日の祇園町のはじまりといわれている。江戸中期になると外《そと》六《ろく》町・内六《うちろく》町ができ、幕府の禁止令にかかわらず、島原をしのぐ花街に発展、一八六八年（慶応三）永代営業が許された。

臨済宗大本山建仁寺は、もともと寺領・末寺も少なく寺の維持に苦労していたが、この上地令によって五十三の塔頭は十五に減じ、五万四千坪をこえた境内地は三万坪が上地になった（上表参照）。

そのうち一万八千五百坪の土地を払い下げてもらった祇園町は、花見小路・青柳小路・南園小路などの道路を開き、古い寺院の建物を歌舞練場・療病院などの施設に転用、新たに妓楼・劇場・茶店などを開いた。

また竹藪を開墾し、茶園・桑園・花園にした。のちこの辺りの土地の所有権をめぐり建仁寺と争いが起こる。

余談だが、府の許可をとった花街は「婦女職工引立会社」を設立、芸妓たちが市民権をえるため、お座敷の余暇に職を身につけさせようと、機織り、糸繰り、団扇《うちわ》貼り等の作業を行っていた。のち「女紅場《にょこうば》」と名称は改められたが、年を追うにつれ、当初計画された「職業」は忘れられ、芸妓の本業としての歌舞の修練に重点が移っていった。

かくて、三弦の音色が響く遊里も、塀越しには禅宗でも「学問づら」といわれる宗風の建仁寺僧堂があり今日も無念夢想の禅の修行がつづく。

祇園精舎と三味の音

祇園さんといえば、京都人は八坂神社を指し、祇園と呼べば普通の場合、八坂神社前の四条通をはさんで南北の花街と西へ行けば、歌舞伎発祥の地といわれる南座一帯の一大歓楽街をいうのである。

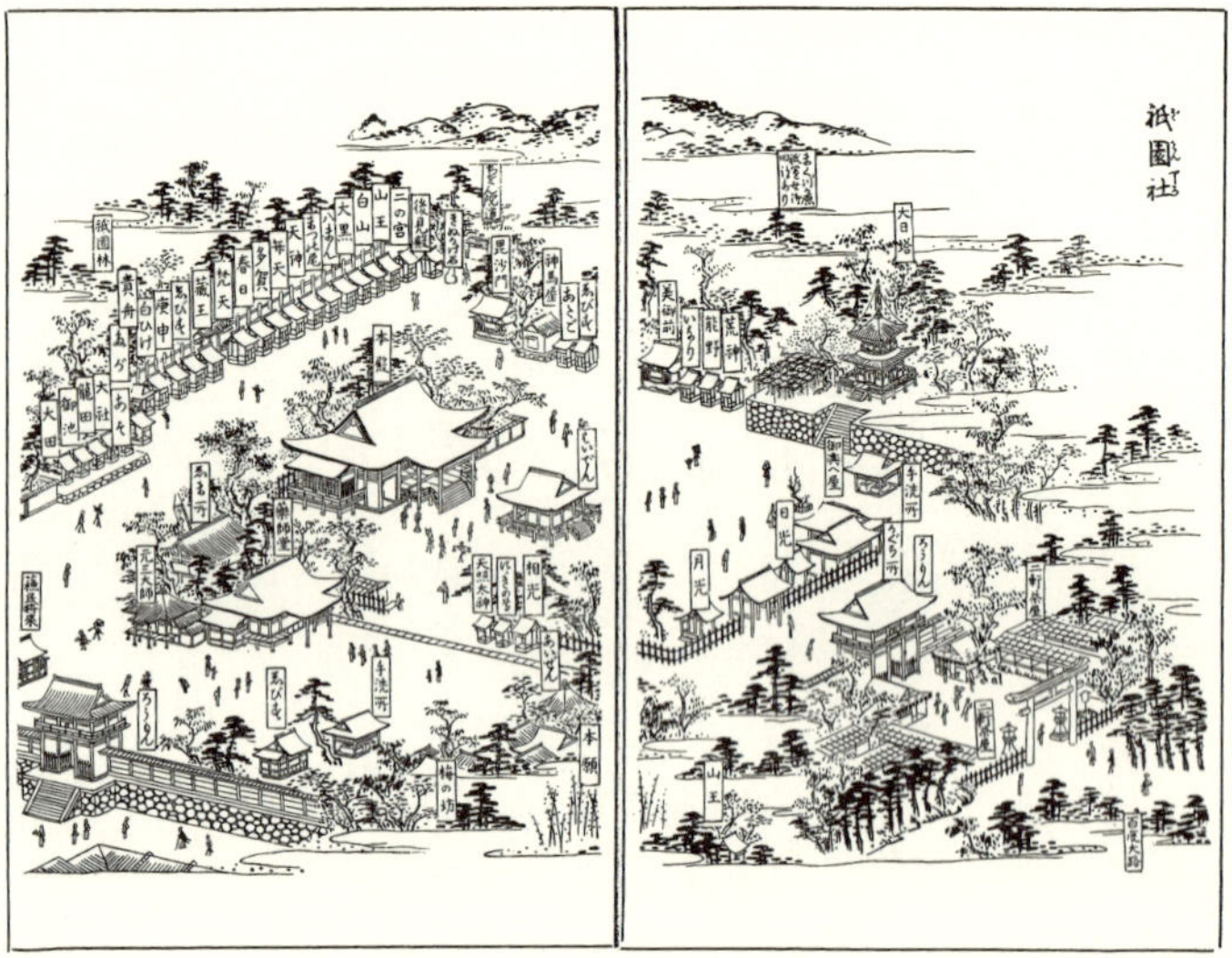

祇園社（『京都名所図会』巻三）

八坂神社も神仏混淆《こんこう》時代は、別に祇園感神院とも呼ばれていたが、明治新政府は一九六八年（明一）三月、神仏分離令を発し、排仏毀釈した。今の西門（楼門）は寺院の名残りである。

祇園の正しき謂《いわれ》は、祇園精舎のことで仏陀釈尊在世のとき、今のインドのマカダ国舎衛城で須達（スダッタ）長者が、仏陀とその教団のために建てた僧坊を漢訳で祇樹《ぎじゅ》給孤独園《きっこどくおん》という。

多くの説法がこの地でなされた。もとは七層の建物があったというが、玄奘三蔵《げんじょうさんぞう》法師が七世紀に訪れた頃にすでに荒廃していた。

この祇樹給孤独園を略して祇園と今日で

はいっている。かの『平家物語』にも「祇園精舎の鐘の音、諸行無常の響あり……」と。先述したごとく、上地令によって建仁寺塔頭や知恩院等の境内地が召しあげられ、極めて清浄な聖域が繁華街に発展した。

京都には多くの各宗本山や名刹《めいさつ》が林立する。そこに居住する住職や修行僧侶や、地方からの住職らが奉仕に登山する。宗派の宗会議員も年一～二回は必ず訪ずれる。本山での役務を終えたこれらの人師は、郷里の土産話にか精進落《しょうじん》しか、三弦時めく音に引かれ、色香に誘われて夜の蝶が舞う巷間に踏み込んでゆくのである。

〝祇園で十個の小石を投げれば、必ず二、三個は坊さんに当る〟といわれるのも、この所以であろうか。

花街では、逆に僧侶へのアプローチもある。

客商売の人が、験担《げんかつ》ぎに衣《ころも》の袖《そで》を引くのである。私も花街に檀家があり、日中の時間であるが衣の袖を後からそっと引かれた体験が何度かある。ご縁をいただき、その日客が多くつくのだという。風習の古いこの界隈では、今でも日常、暦を見て禍福、吉凶、方位、事を運ぶ日を選ぶようだ。

六曜《ろくよう》、十二直《じゅうにちょく》、二十八宿《にじゅうはちしゅく》の項にいろいろの文言が配当されている。大安・友引などその最たるものだ。

縄手通の今昔

『京都坊目誌』によると、大和大路通は、

北は三条通に起り。南は一ノ橋に至り。西に折れて伏見街道に合す。開通年月詳《つまびらか》ならず。平氏六波羅に館せし時代より開けしものの如し。之を大宮大和路南にて法性寺大路と称す。天正以来四条以南を建仁寺町。寛文以来四条以北を縄手通と通称す。始め堤防たる故に爾《し》か呼ぶ……

とあり、川端通にそって切堤《きりつづみ》があり、枝橋を渡って北へ進む道路だという。私見だが、堤防は土手ともいわれ、切堤とあるから極めて危険なところから縄を張ってあったと思われる。そこで縄手と称されたのだと愚考する。

この縄手通は、祇園界隈でも今も賑やかな町である。

二〇一二年（平二十四）四月十二日午後、この縄手通（大和大路通）四条交差点で、赤信号を無視した軽ワゴン車が進入し、付近を歩いていた男女十八人を次々にはね、北へ逃走した。そして計七人が死亡し十一人が骨折などの重軽傷を負う。

軽ワゴン車は、三百七十メートル暴走し、白川橋を越え新橋通手前の老舗料理店前の電柱に激突死するという痛ましい事件であった。

この付近で百四十二年前の幕末期に外国公使をねらった「縄手事件」が発生した。

かねてから、神戸に滞在の外国人公使らは朝廷への謁見を申しでていた。維新政府は旧幕府締結の条約を継承し、一日も早く京都へ召喚しなければならなかった。

そこで後藤象二郎らに「外国人上京御用掛」を命じ、一八六八年（慶応四）二月、イギリス・フランス・オランダの三国公使を京都に招き入れた。

知恩院・相国寺・南禅寺がその宿舎にあてられた。

『知恩院史』によると（二月十六日付）、

一、今度外国人上京参内被レ免候に付、英吉利人滞留所に被二仰付一。尚委細之儀者外国掛りへ可二承知一事。

　但明十七日昼時迄に明渡候様可レ仕事。

と強行なお達しであった。

三国公使団は、二月二十八日と二十九日に入洛、翌三十日は御所紫宸殿における明治天皇朝見の日。

イギリス公使パークス一行は、宿所の知恩院三門下を出発して西進し、新門前から縄手通を右折せんとするとき事件が起きた。

凶徒数人が白刃をふるって列中になだれこんだ。三枝蓊・朱雀操ら攘夷派の浪人だった。正装の下士官を公使と間違え、切りつけて傷つけた。暴漢は一人その場で殺され、一人はイギリス側に捕えられた。パークス公使は実害なく知恩院に引きかえした。

三日後、イギリス公使団はあらためて参内、天皇から勅語を賜わったのである。

事件の日、縄手通は珍奇なる外国人を見ようとする群衆で満ちあふれたそうだ。

この事件の犯人は二人が斬首の上梟首《さらし》、三人が遠島に課せられた。梟首の刑場はおそらく近くの三条河原であったろう。

新京極のにぎわいに貢献の寺

修学旅行生や観光客のメッカ、今日も相変らずのにぎわいである。

この一帯は、豊臣秀吉のいわゆる〝寺町づくり〟で集められたり、以後、新たに建立された寺々で密集している。約三十か寺にのぼる。

例えば、この地の中心となっている誓願寺は、天智天皇の勅願で六六七年奈良で創建され、のち深草を経て元小川一条に移り、天正年間（一五七三～九一）には、この地に移築させられた。

境内地六千坪を有し、十八か寺の山内寺院を擁していた。

幕末時代、それらの境内・門前には芝居小屋が掛り、見世物・寄席興行の場となっていた。そこへ露店・飲食店が集まり、寺への参詣ののちの遊楽化がすすんでいた。

江戸から今日までつづく洛陽六阿弥陀巡拝がある。即ち六か寺の珍らしい阿弥陀仏を、参拝すること三年三か月つづければ、ご利益があると今日も盛んである。巡拝のコースが太陽の運行に準じて、東山の真如堂→永観堂→清水坂安祥院→清水寺阿弥陀堂→京極さかれんげ安養寺、そして最後が京極誓願寺となるごとく、清《きよらか》なる信仰のとどめは遊楽地とつながるのであろう。

明治に入り一八七二年（明五）、府の槇村正直参事（のち知事）は恒常的な歓楽街を作る構想をうちだした。

そこで寺町通の東側、三条通から四条通にいたる桜之町・中筋町・東側町・中之町の四か町に所在する誓願寺・円福寺・安養寺・了蓮寺・歓喜光寺・金蓮寺などの境内地を上地した。

そして南北五五十メートルの通路を開き、寺町通の古名京極にちなんで新京極と名づけたのである。整地の上、坪五十銭で売出したが寺の跡地ということでなかなか売れず、土地の顔役阪東文治郎なる人物に協力を依頼したという。

必要悪であるが今日でもよく使われる手法である。

一八七六年（明九）六月十二日付の『郵便報知』は、この新京極の繁栄ぶりを次のように報じ、

芝居三座　浄瑠璃三軒　落語席六軒　見世物十二軒　ちょんがれ祭文《さいもん》二軒　大弓九軒

揚弓十五軒　料理屋十一軒　その他の飲食店二十九軒

などと紹介している。

この開発によって従来の小屋掛の芝居小屋から本建築の劇場が多く建立された。明治二十五年にくだるが、白井松次郎・大谷竹次郎兄弟が初めて劇場で興行した。いわゆる「松竹」発祥の地として記念すべきところである。

こうして、劇場の輩出にともなって観劇の便をはかるため必然的に芝居茶屋が生まれた。注目すべきは、誓願寺境内塔頭竹林院跡の劇場〝坂井座〟と、その近くにあっただろう芝居茶屋〝安楽亭〟である。

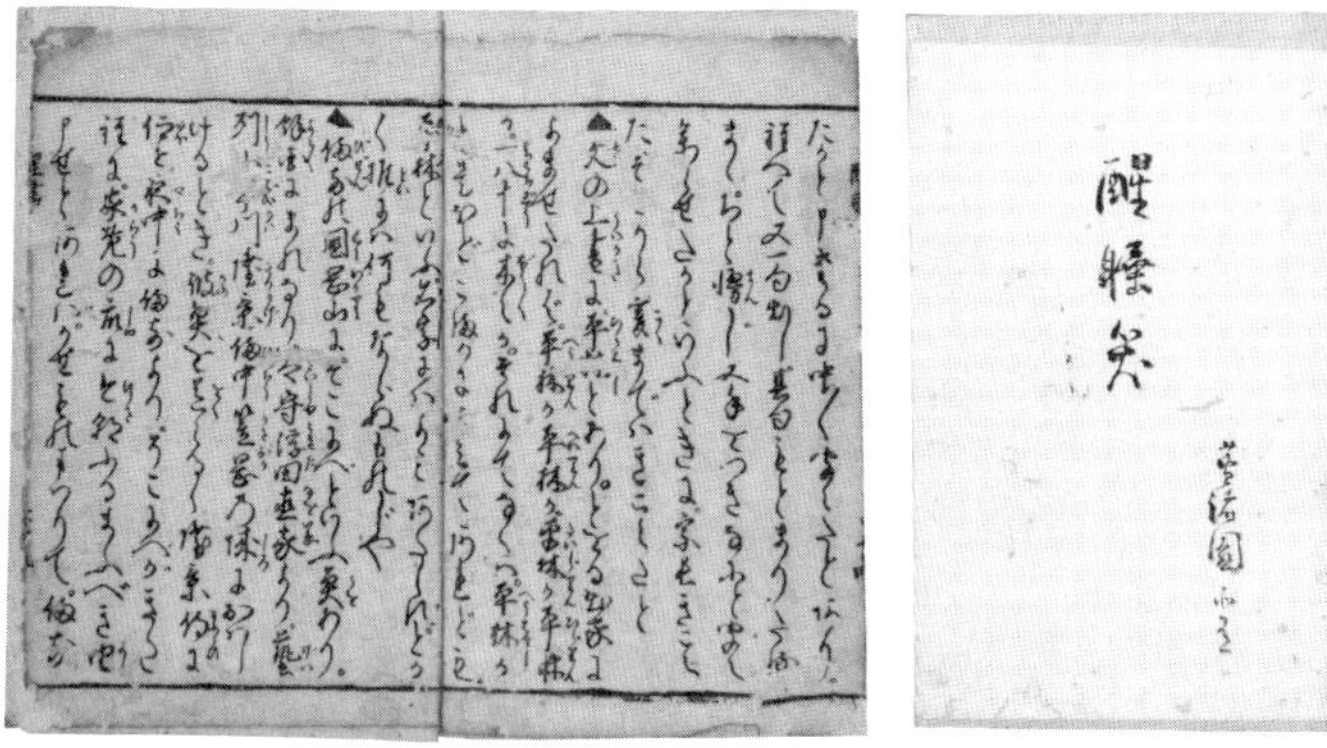

『醒睡笑』

なぜなら、この竹林院は誓願寺五十五世・然空日快《ねんくうにっかい》策伝《さくでん》上人の隠居したところで、その茶室「安楽庵」で風雅な余生を送ったところであるからである。

ちなみに安楽庵策伝の出自は、一五五四年（天文二十三）美濃で生まれ、十一歳のとき京都東山の禅林寺（永観堂）の甫叔《ほしゆく》上人に師事し、学成って二十五歳（一五七八＝天正六年）で山陽地方へ布教に出て、備前・備中・備後・安芸の各地に寺を次々に創建や再興、いったん故郷の美濃に帰るが、一六一三年（慶長十八）、六十歳でこの誓願寺の住持となるのである。

在住中の策伝上人は、宮中清涼殿にて弁舌さわやかに『浄土法門』を講説し、高僧として崇められたという。一方、京都所司代板倉重宗公の依頼を受けて、説教話材集『醒睡笑《せいすいしょう》』八巻を九年の歳月をかけて一六二三年（元和九）七十歳のときに完成、重宗公に進呈するのである（図版参照）。

この『醒睡笑』は約一千篇からなる仏教の教えや、滑稽な話を中心とした短篇小咄《こばなし》集で今日古典落語のテキストとして重宝がられ、策伝上人を落語の祖と称されている。

よく知られている一文をあげる。

文《ふみ》の上書《うわかき》に平林《ひらはやし》とあり。とをる出家によませたれは。平林《へうりん》か平林《へいりん》か。平林《たいら》か平林《ひらりん》か。一八《いちはち》十《しう》に林《もくく》か。それにてなくは平林《へいはやし》かと。是ほとこまかによみてあれとも。平林《ひらはやし》といふ名字《めうじ》にはよみあたらす。とかく推《すい》には。何もならぬものしや

釈尊ご遺形奉迎騒動記

釈尊の「真骨」を祀る名古屋市千種区の覚王山日泰寺で、二〇〇四年（平十六）十一月十五日、建立百年記念法要が営まれ、当時、浄土宗西山禅林寺派の管長であった私が同寺の住職を兼ねていたので導師として奉修した。

この法要にはスウィット・シマサクン駐日タイ王国大使をはじめタイ国関係者、日本の仏教各宗派代表者や有縁の人びとが多数参列した。

日泰寺は、タイ国のチュラロンコン皇帝から一九〇〇年（明三十三）に日本に贈られた真

正の仏骨を奉迎、一九〇四年（明三十七）十一月十五日に開山した。

現在、十九宗派の管長が輪番制により三年交代で住職をつとめることになっており、この佳《よ》き節目の年に私が住職となったのである。

釈尊の入滅は紀元前三八三年二月十五日である。遺骸はマルラ族の人びとによってマルラ族の廟所《びょうしょ》である天冠廟《てんかんびょう》に安置され、火葬に付された。

来会した八人の国王の使節たちによって、遺骨は八分され、そのほかドーナ婆羅門《ばらもん》は舎利《しゃり》瓶《へい》、遅参したマウリヤ族代表は遺灰を得て、それぞれの部族の領土の上に塔が建てられ計十塔の仏舎利塔《ぶっしゃりとう》ができた。

一八九八年（明三十一）、北インド、ピプラーワーで英国人ウイリアム・ペッペが一塔の遺骨を発掘した。

骨壺に刻まれたインド古代文字の解読によって仏骨とわかったのだ。インド政府はその仏骨を仏教国タイに贈り、その一部が当時のタイ国王チュラロンコン皇帝より日本に贈られたのである。

日本仏教の各宗派は一九〇〇年（明三十三）四月、帝国仏教会の組織をつくり、京都大仏妙法院門跡に奉迎事務所を設置して仏骨の仮奉安所とした。帝国仏教会はのち日本大菩提《ぼだい》会

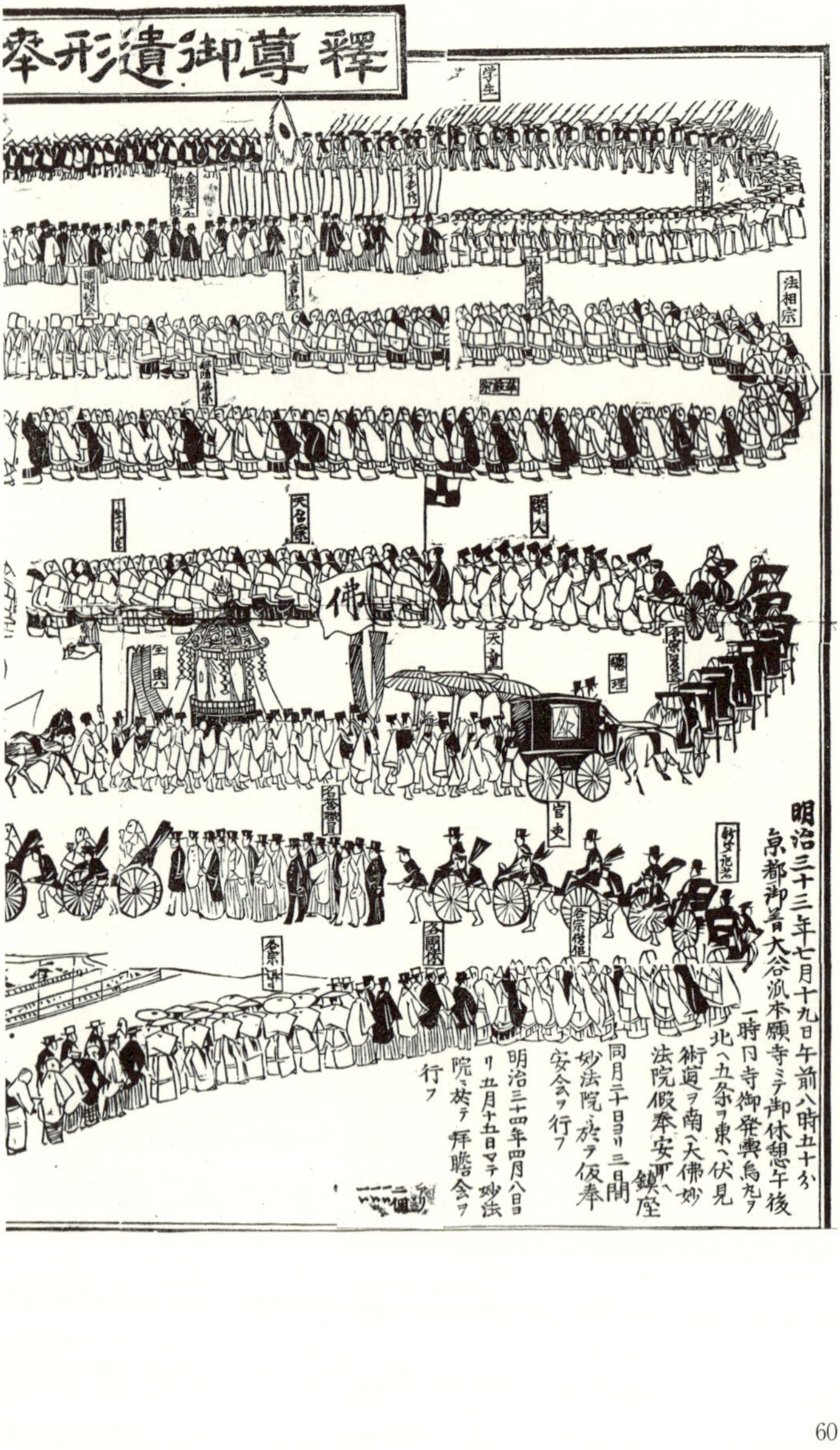
釋尊御遺形奉
学生
法相宗
天台宗
佛
天童
總理
官吏
各宗僧侶
明治三十三年七月十九日午前八時五十分
京都御着大谷派本願寺ニテ御休憩午後
一時同寺御発輿烏丸ヲ
北ヘ五条ヲ東ヘ伏見
街道ヲ南ヘ大佛妙
法院假奉安所ヘ
鎮座
同月二十日ヨリ三日間
妙法院ニ於テ仮奉
安会ヲ行フ
明治三十四年四月八日ヨ
リ五月十五日マテ妙法
院ニ於テ拝瞻会ヲ
行フ

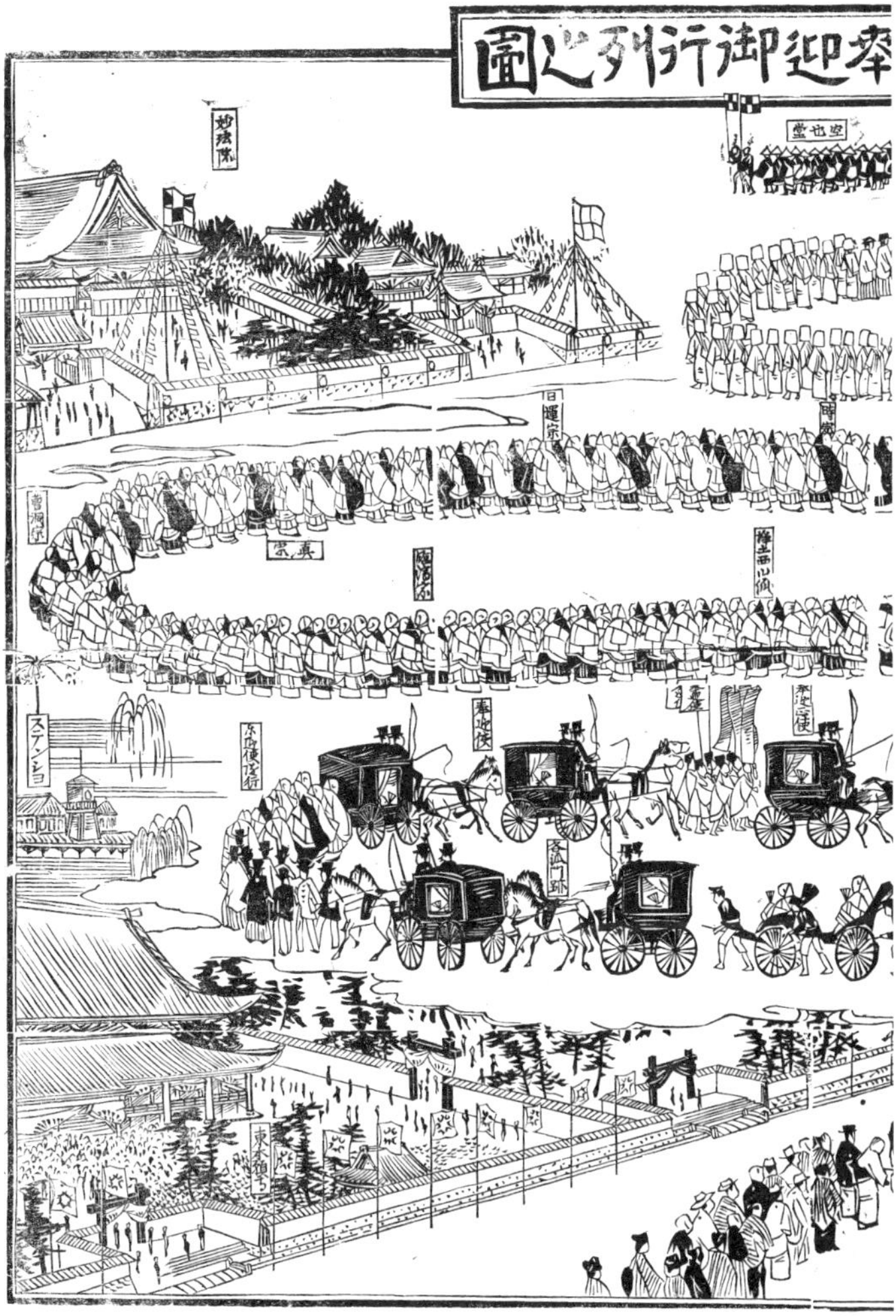

釈尊御遺形奉迎御行列迎図

と改められる。

そして、奉迎使のタイ国派遣を決定、奉迎正使に真宗大谷派の大谷光演師、他に奉迎使を臨済宗・浄土真宗本願寺派・曹洞宗から選出、随行者十四名で編成、同年五月二十二日、仏教各派三十二名の管長連署の委任状を帯して神戸港を出発した。

現地で無事ご遺形の奉呈をうけた一行は、同年七月十日長崎港に帰着。以後、各所で奉迎法要や歓迎会を行いつつ、十九日午前五時、京都七条停車場（京都駅）に到着、一行は東本願寺で休憩ののち烏丸通を北上、五条通を東進、東大路通を南行して妙法院の仮奉安所へ釈迦ご遺形は安置された（六〇〜一頁の図版参照）。

同月二十日より三日間、仮奉安会を行い、以後、諸般の事情により三年間この地にとどまることとなった。

日本大菩提会は各宗派の集まりで、いつも意志の疎通に欠け、まとまりがなかった。

奉迎使帰国後まず経理問題が起こる。奉迎使一行の総経費は多額にのぼったが、公にされず、奉迎使を出した宗派で一時立て替えるということであった。しかし奉迎使選出に悶着があり、天台宗・真言宗・日蓮宗・浄土宗は出発直前に辞退したので、派遣した四宗派が責任を取ることとなった。

『仏骨奉迎回顧録』（一部抜粋）によると、奉迎正使を出した大谷派は莫大な金を費して、非難の的となり、大谷派に劣るまじと競争した臨済宗妙心寺の奉迎使前田誠節師は、妙心寺の金を私消したかどで刑法にふれ、罰せられ、曹洞宗においても内部でこれまた問題視された。

一方、ご遺形を奉安する覚王殿の建設場所選定に関しても一大問題となってきた。各宗派においていろいろの案が提出され、東京・京都、あるいは遠州三方ケ原と紛々《ふんぷん》として決せず、各宗派より九名の委員を選出、東京において協議を開き、京都に仮決定がなされた。

しかしなお異論が出てこの件は進捗せず、各宗派管長会議でことを決すべく一九〇二年（明三十五）七月二十八日から京都で開かれ、同九月十二日まで継続した。

これは、タイ国皇太子殿下がアメリカより帰国の途中、十二月頃日本に立ち寄られる一報が入り、それまでに奉安地を決定しなければならなくなったからである。

この間、選定地の競争は京都と日本の中央に位置し、信仰の厚い地元の強力なバックアップを得た名古屋との対立が激化してきた。

両市の新聞各社は、筆舌《しつぜつ》をつくし相手を攻撃、また演説会を開いて民衆に訴えたのである。

怪文書は新聞紙上に花を咲かせ、世論からはこの仏教界の醜聞《しゅうぶん》で不評を買った。

同月十二日、建仁寺において最終決定が決まり、名古屋側の勢いは優勢で、京都側の劣勢はまぬがれない状況であった。

そこで建仁寺境内久昌院において臨済宗各派が協議、同正伝院では真宗諸派が会合し、奉安地選定問題は記名投票で行おうと名古屋側に提案したが応ぜず、無記名投票となった。

しかし臨済・黄檗の十一師は、内外での醜聞怪説の続出は、いやしくも法衣をまとう者として聞くに堪えずと議場を欠席したのである。

つづいて真宗諸派の九師も退場、混乱のなかで採択され、名古屋三十七票、京都一票となり、長らくの間紛争した覚王殿建設地問題は決した。

同年十一月十五日、釈迦ご遺形は妙法院を出立、同日、名古屋万松寺に仮奉安ののち一九〇四年（明三十七）十一月十五日、今日の日泰寺に奉安されたのである。

日本仏教々団のドタバタ劇は〝どちら敗けても釈迦の恥〟である。お釈迦さまもさぞかし嘆かれたことだろう。

千日回峯行《かいほうぎょう》――「京都大廻り」と町衆――

逸聞1

一六七〇年（寛文十）に大和大路にそって開かれるまでの祇園町は、四条通に面して南北にわずかに茶屋が建つ程度で、上方唄『四条の橋』に「四条の橋から火が一つ見ゆる、火が一つ見ゆる、あれは二軒茶屋の火か」と歌われたように、四条橋よりはるか祇園社南門前の二軒茶屋の灯が見通せた。

ここは、室町時代の洛中洛外図に「一服一銭」の掛茶屋としてみられ、参詣客に茶を提供していた様子が知られる。

江戸時代に入ってこの南門前の藤屋と中村屋が「二軒茶屋」の名で知られるようになる。藤屋は明治の初めにすたれ、中村屋は「中村楼」として現在も料亭を営んでいる。絶えた「藤屋」は永く千日回峯行者の休息処《どころ》として重要な役割を果たしていた。

千日回峯行は東塔無動寺が発祥の地で、八六五年（貞観七）建立大師相応和尚《かしょう》が創始者。毎日真夜中から、峰々谷々にある行者路を跋渉《ばっしょう》し、途中定められた堂塔伽藍、山王七社、霊石霊水など二百六十か所で定められた修法を行う。約三十キロを平均六時間で

『拾遺都名所図会　祇園　二軒茶屋』

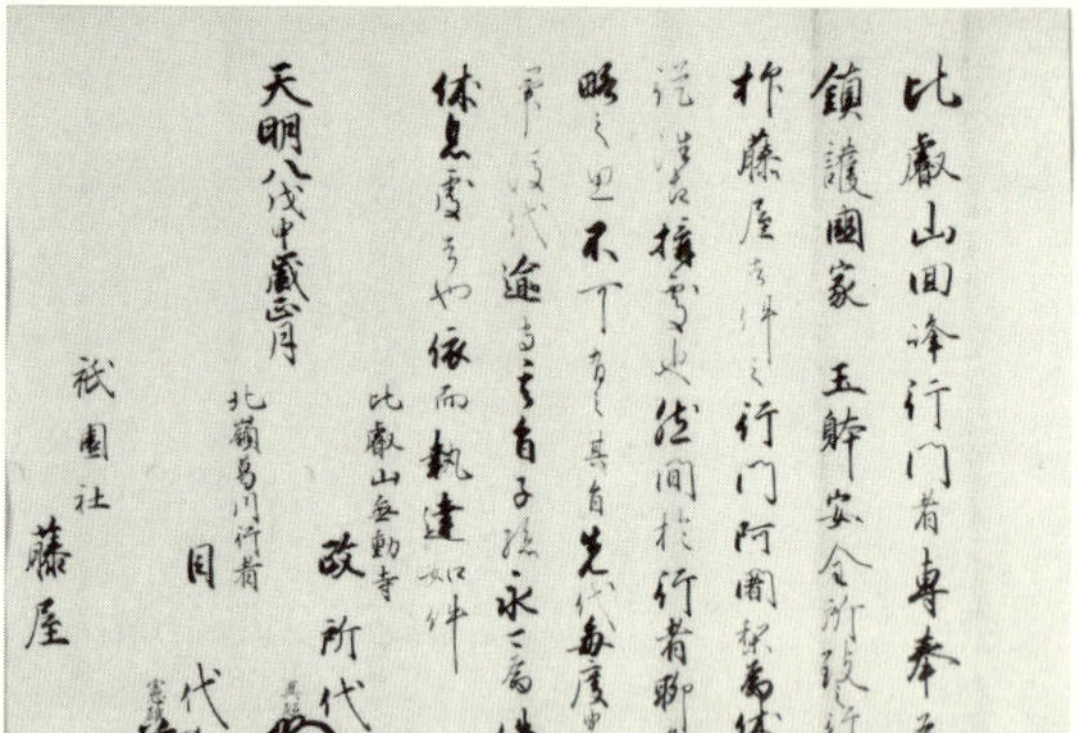
比叡山回峰行門者専奉為
鎮護国家　玉躰安全所致行也

天明八戊申歳正月
比叡山無動寺
政所代
北嶺回峰行者
目代
祇園社
藤屋

比叡山無動寺よりの回峯行者の休息依頼状

巡拝する。行中には九日間の断食・断水・不眠・不臥の「堂入り」や「赤山苦行」「京都大廻り」などの難行があり、行者が千日間に踏破する距離はおよそ三万八千キロ、地球一周に相当する想像を絶する大行である。

回峯行者は、純白の浄衣を身に纏《まと》い、頭には未開の蓮華の檜《ひのき》笠、八葉蓮華の草鞋《ぞうり》、腰には死出紐と降魔の剣をもつ姿をしている。この姿は不動明王の具現で、行が挫折するときは命を断つという死装束である。

とくに「京都大廻り」は最大の難開で、山上の修行ののち修学院の赤山禅院に午前に着き、平安神宮などを通って正午頃に祇園八坂神社を参拝。南門脇にて休息（明治初期までは「藤屋」）、蕎麦と蒸《ふ》かした馬鈴薯の食事を摂《と》る。祇園八坂神社はもともと神仏混《こん》淆《こう》で祇園感神院は天台宗に所属していた。のち排仏毀釈で神社と合体される。

午後は清水寺・六波羅蜜寺・神泉苑などを通って北野天満宮・下鴨神社など四十三の社寺を巡拝して、夕方宿坊となる御所の東、清浄華院に到着する八十四キロの行程。

行く先には御加持を受けようと信者が待ち受け、行者は一人一人に念珠を頭にあて祈禱する。

僅かな休息後、深夜から早朝にかけて寺町通を北上、出雲路橋より修学院赤山禅院を

『拾遺都名所図会』

経て比叡山に戻るのである。これを繰りかえす百日間は、回峯行の本意である「但行礼拝《たんぎょうらいはい》」する、有縁無縁一切衆生の済度《さいど》を希求し、ひたすら祈るのである。

最後の百日間は山上だけのコースに戻り、口舌に絶するこの捨身の行を満行すれば、大行《だいぎょう》満《まん》・大阿闍梨・大先達の称号が与えられる。そして京都御所へ「土足参内《さんだい》」が許され、国家安泰の祈願、御加持を奉修するのである。

今日、この七年間の苦行満行者は四十七人であるという。

第三章

戦争と京の仏教界

市民権を得た僧侶

明治期の官制下で仏教は内務省宗務局が所管、一九一三年（大二）文部省に移され、宗教法案が検討された。

仏教界からは、神社神道を特別視する政府に対し仏教の国家的認知を求めること。憲法が規定する参政権を、僧侶にも与えること。各宗派や寺院に公法上の人格を認め、私人としての市民的自立を認めることを要求した（僧侶は出家者で「世外《せがい》の民」、被選挙権がなかった）。

そこで一九一五年（大四）秋、西本願寺で仏教連合会が結成された。やがて各地で組織化がはかられ「国民精神の振作統一を図り、尊皇護国・済世利民の本分を貫徹する」目的で

「仏教護国団」構想が生まれたのである。

一九一七年（大六）十一月三日、岡崎公会堂で京都仏教護国団が発足した。

大正デモクラシーの時代、〝護国〟という名称は官僚的だとの声が相当あったが、政府の意向にも対応した苦肉の名づけであったという。時代の変化のなか、仏教界みずからの手で、宗派をこえた社会的活動のための組織化でもあった。

しかし昭和に入り、大東亜共栄圏の確立という大義のため大政翼賛会（一九四〇＝昭十五年十月）という国民統制組織に呑込まれ仏教界も戦争への道へ否応なく歩みだすのである。

戦争とは、彼我に多大の出費と犠牲をともなうものだ。先の大戦において、わが国は瓦解《がかい》し、約三百十万人の犠牲をだした。

仏教教団の指導者は自責の念にかられはしなかったのだろうか。王道楽土の建設という国策、大義の前にはいかんともしがたかった。

ここに「王法《ぼう》為本」という説がある。「出世間の立場では仏法を本とし仏の救済を仰ぐが、世間に処するには王（権力者）の統治する国家の方に従う」というのである。また、「一殺《せっ》多生」という仏語がある。「一人の悪人を殺して多数の者を生かす。多くの者を生かすため一つを殺すのもやむをえない」という見解。『大方便仏報恩経《だいほうべんぶつほうおんきよう》』『涅槃経《ねはんきよう》』に述べられている。

当時の仏教指導者はこの教えに依拠したのだろう。しかし一方で「殺生戒」がある。釈尊は道・俗の別なくすべてこれを禁じている。「殺すことなかれ、殺させてはならない、殺すのを容認してはならない」が一大原則である（『梵網経《ぼんもうきょう》』巻下）。

一九四二年（昭十七）六月二十日、京都府仏教会は知恩院において官指導のもと発会した。事務所は京都府庁学務部社寺課内に設置された。

初代会長は雪澤千代治、会報発刊代表者に竹ノ内勝太郎（いずれも官僚か）が就任している。

この会は「大東亜戦争決戦下に処し、仏教徒一丸となって国家奉公に挺身する。英霊法要

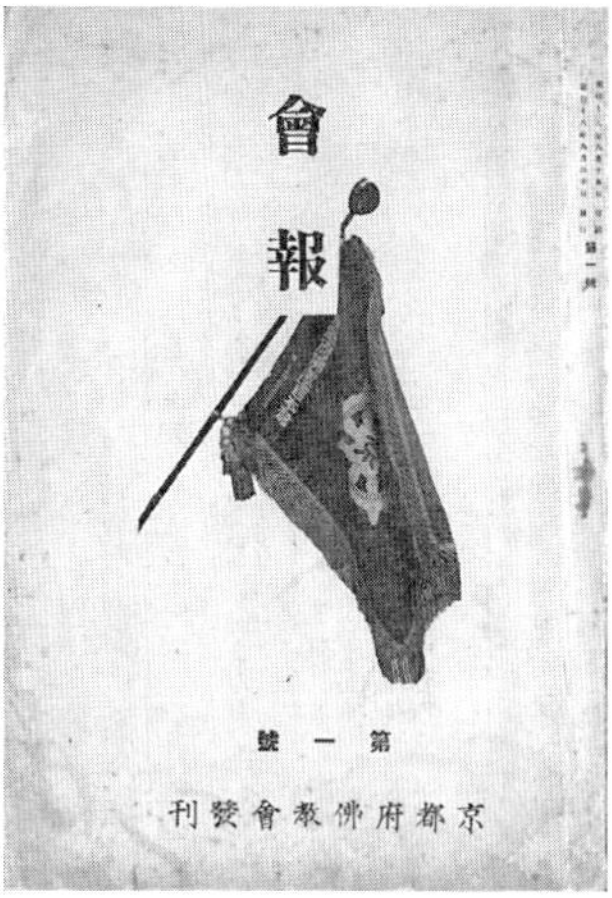

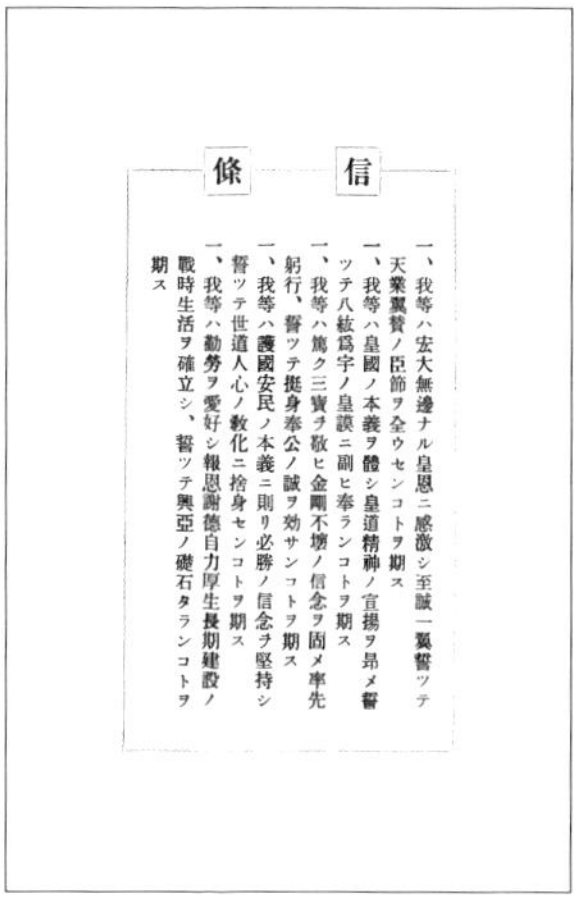

信條

一、我等ハ宏大無邊ナル皇恩ニ感激シ至誠一貫誓ツテ天業翼賛ノ臣節ヲ全ウセンコトヲ期ス

一、我等ハ皇國ノ本義ヲ體シ皇道精神ノ宣揚ヲ昂メ誓ツテ八紘爲宇ノ皇謨ニ副ヒ奉ランコトヲ期ス

一、我等ハ篤ク三寶ヲ敬ヒ金剛不壊ノ信念ヲ固メ率先躬行、誓ツテ挺身奉公ノ誠ヲ効サンコトヲ期ス

一、我等ハ護國安民ノ本義ニ則リ必勝ノ信念ヲ堅持シ誓ツテ世道人心ノ教化ニ捨身センコトヲ期ス

一、我等ハ勤勞ヲ愛好シ報恩謝德自力厚生長期建設ノ戰時生活ヲ確立シ、誓ツテ興亞ノ礎石タランコトヲ期ス

京都府仏教会発行の会報

をはじめ、金属回収、報国貯蓄運動等国策順応の協力を行なう」などを目的とし、京都府下二十六支部三百余組で結成された。

平和の鐘が武器――金属回収・供出運動へ――

京都府仏教会会報第一号には、金属回収・供出の様子が詳しく記述されている。以下はその内容である。

一九四一年（昭十六）十月二十七日、内務省地方局長・文部省宗教局長・商工省総務局長の連名で、金属回収として梵鐘《ぼんしょう》の供出が通達された。

この選択は各府県にまかされ、次の規準に拠った。

①皇室に関係あるもの（皇室の寄進や菊の紋章入）、②古いもの（慶長末年以前のもの）、③銘文の有名なもの、形のすぐれたものは残されることとなった。

その結果、全国で五万口の梵鐘が供出された。

一口平均三百トンとして一千五百万トン。当時の日本の二か年分の産銅量に匹敵する。

京都府五百五十五口、滋賀県二千三百五十九口、近畿七府県で八千六十口とのことである。

供出の地金価格は、当時一貫三円三十銭、終戦時の地金一貫は六十五円、鐘に鋳造して一貫が二百円、百貫の鐘は二万円であった。

京都の口数が案外少ないのは、各派本山、名刹寺院のものは供出をまぬかれたからである。記録によると、それでも一九四二年（昭十七）、知恩院が梵鐘の供出を申し出ている。同年十一月八日、本能寺も梵鐘を供出。

ただ口径六十センチ以下の小型のものは、喚鐘《かんしょう》・半鐘の類として見逃されたものが多い。当時、地域の小学校の屋上に固定されて〝警報〟の合図に利用されていた。その一つが終戦後何年かして、今も私の育った寺の喚鐘として生かされている。

このような供出令は明治維新のときも発令されたことがある。佐久間象山の『海防意見書』では梵鐘が槍だまにあげられている。

今、火器（大砲や銃器）を造立しても一両年は利器出来ない。天下の寺院、辻堂より打鐘、双盤等無用の銅器を取り聚《あつ》めればよい……

と提言している。また中井竹山の『草茅危言《そうぼうきげん》』三巻にも、

……方広寺、知恩院の大鐘これ大長物也速に徹して鋳財とすべきもの也

とある。

かくして徳川斉昭《なりあきら》の唱導によって、「毀鐘鋳砲令《きしょうちゅうほうれい》」が発布された。しかし、安政期は国情

不安定で、佐幕・討幕と騒然たるとき、地方的な戦乱でしばしば梵鐘の徴発は行われていたが、この布令が徹底しなかったのは、梵鐘にとってはせめてもの幸せであった。

さきに俎上《そじょう》にあがった方広寺の大鐘も、「国家安康」を祈願した平和の鐘であったが、その銘文に難癖をつけられ悲運の鐘となった。

「提灯と釣鐘」という言葉がある。座して動かないのが釣鐘である。しかし意外にも寺院の梵鐘は動いているのである。それは一つに寺院の興廃によるものや、火事の災禍によるもの。つぎに寺院の財政困窮から売り渡されるもの。そして戦費捻出のための供出である。

終戦（一九四五＝昭二十）の年、秋の彼岸会に供出をまぬかれた知恩院の大鐘が、戦後はじめて打ち鳴らされた。

再び戦争を繰りかえさせないという誓いのもと、鎮魂と人類の平和のために鐘の音は余韻嫋々《じょうじょう》として東山の山麓にこだました。

一方、仏教会は国策遂行協力のための重点目標に、金属回収運動、貯蓄奨励、国債の買入れをあげている。金属回収とは、仏器具什具《じゅうぐ》私物類の一切を供出し、各支部で供養し献上した。

上京支部では、相国寺・妙顕寺・大徳寺など十か寺を集荷場所に定めて民衆に垂範《すいはん》せしめようとの実践であった。

一九四三年（昭十八）九月、西本願寺は御影堂仏前の五具足（花器二・灯明台二・香炉一）を供出したため、陶芸家の清水六兵衛氏にその製作を依頼したと記録にある。代替の仏具足は、仏教会が一括して「五条坂」の陶磁器商に発注したのだった。

私の手元に香炉が残っている。薄茶地で濃茶の円相をあしらった乙《おつ》なものである。

左京支部での金属供出は、一か月で銅類二千四十九貫、鉄類一千七百十二貫を集めた。

貯蓄奨励は、二百三十億円達成のため積極的に檀信徒に働きかける一方、各寺院基本金をもって国債に振替える運動など〝一日戦死〟の汗の奉仕を行おうというものだった。

戦争協力の仏教界――批判抵抗した人師――

日本仏教はその成り立ちから、鎮護国家的な性格があった。それは政治権力への従属を強め、江戸時代に幕府の寺院諸法度《はっと》の統制下におかれると、「家」の宗教、祖先崇拝の葬式と法事の宗教として形骸化し、明治期の天皇制ナショナリズム、軍国主義への従属を強めることとなったのである。

この国家体制に組み込まれた仏教界において、各地で改革・刷新や権力への抵抗運動が起こるのである。

まず仏教革新運動の一つに、真宗大谷派の清沢満之《きよざわまんし》師（一八六三〜一九〇三）の精神主義運動がある。この運動は「王法（国の法《のり》）にたいする仏法の自主性を強調し、物質万能主義にたいし精神主義をとなえた」もの。

より積極的社会実践を行った運動として境野黄洋・高島米峯師らの「仏教清徒同志会」（一九〇〇〜）による新仏教運動がある。かれらは仏教信仰に立脚した健全な知識と道義の高揚を説いた。

鈴木大拙禅学者（一八七〇〜一九六六）は禅と念仏の研究を通し「宗教は自由を剣《つるぎ》とし平等を楯《たて》となし、社会を理《り》せん……」と宗教的教化の啓蒙活動を行った。文化勲章受章。

大逆事件（一九一〇＝明四十三、社会主義者・無政府主義者に対する弾圧事件）に連座して処刑された曹洞宗の内山愚童師（一八七四〜一九一一）は、仏教の平等思想・平和思想をもとに、反戦、天皇制を否定。真宗大谷派の高木顕明師（一八六四〜一九一一）も大逆事件に連座した。彼は「弥陀一仏のみを信仰し、天皇崇拝を迷信とする」仏教社会主義者であった。

仏教社会主義の典型として活動したのは「新興仏教青年同盟」（略称：新興仏青）で、一九三一年（昭六）四月、日蓮宗の妹尾義郎師（一八八八～一九六一）が東大の仏教青年会館で同志三十人余を集めて結成した。最盛期には二十の支部と二千人余の同盟員を擁した。

この運動の主張は、「既成の大衆組織を支持し仏教的浄化を加える。「物心一如」「一殺多生」の理論を生かす。将来仏国土実現をめざす」というものであった。

この運動に加わり、戦後私が知遇を得た人師には、浄土宗の林霊法と西山浄土宗の谷本重清の両師がまずあげられる。戦後は名誉回復僧籍復活とともに教育者として活躍され、林霊法師は東海学園校長をへて百万遍の浄土宗大本山智恩寺法主に晋山《しんざん》された。谷本師は長岡京市の西山女子高校の校長となられた。

「新興仏青」や、個々の地域で反戦活動を行い、治安維持法違反で獄の苦しみを味わったこと、戦時の良心的抵抗がのちの価値転換によって高く評価されたのである。

戦後結成された宗教者平和協議会（略称：宗平協）に参加したのは、天台宗壬生照順、日蓮宗中濃教篤、浄土宗松井勝重、真言宗山本秀順、北法相宗清水寺福岡精道、日蓮宗立本寺細井友晋などの各師。また、植木等氏（クレジーキャッツの人気スター）の父、真宗大谷派の植木徹誠師などもあげられる（稲垣真美『仏陀を背負いて街頭へ――妹尾義郎と新興仏教青年同盟』、岩波新書、一九七四年）。

一九五四年（昭二十九）六月、公益財団法人全日本仏教会（東京港区芝公園、仏教宗派六十、地方仏教会三十五、関係団体八の計百三団体が加盟）が発足した。文字通り日本を統括し、代表する組織であるが、先の大戦における仏教教団の戦争責任について懺悔し、平和アピールを表明したか、私は知らない。

大手教団では、今日までに浄土真宗本願寺派・真宗大谷派・曹洞宗・臨済宗妙心寺派・浄土宗などが、過去の戦争協力への反省や謝罪をおくればせながら表明している。

私も終戦後五十年目の一九九五年（平七）秋、中国仏教協会と宗教専門紙中外日報社の共催による「日中友好平和祈願式典」が中国北京市広済寺で厳修《ごんしゅう》されたとき、日本仏教代表団の代表として祈願文を奏上、不戦と平和の誓いを新たにしたのだった。

戦時強制疎開と寺院

政府は一九四三年（昭十八）十月、防空法改正、十二月に「都市疎開実施要項」により、空襲に備えて建物の強制疎開を進めた。

京都市においても表1のごとく実施され、寺院も少なからずその対象となり、犠牲となった。

疎開地域に指定されると、三〜十日以内に立ちのかねばならず、警防団、愛国婦人会、勤労動員の生徒らの手によって、ノコギリで柱に切れ目を入れ、ロープで引き倒された。

表2が建物疎開の補償基準であった。

私にも体験がある。当時、小学高学年であったが、伯父の寺（浄土宗西山禅林寺派常行院）が第四次の強制疎開の対象となり、住職は出征して不在ゆえ引越しの手伝いをしたのだ。八月十日から準備に入り、十四日頃、古老の町内会長が視察に来寺して「明十五日壊す作業をする。寺の柱は太いので多くの人を動員せねば……」と独言《ひとりごと》をいって帰っていった。

翌日正午の玉音放送で終戦。間一髪のところで難をまぬかれた。

今、大和大路通四条下る建仁寺西門前から松原下る、この寺の北側まで道幅は拡がっており疎開跡の片鱗がうかがえる（八五頁の写真上参照）。

戦争の〝落とし子〟ともいえるこの強制疎開は、都市道路計画が遅れている現在、五条通・御池通・堀川通などが道幅五十メートルの大動脈として生きていることは唯一の救いである（八五頁の写真下参照）。

主な寺院の影響についてふれておこう。

堀川今出川下るにあった日蓮宗尼門跡寺院村雲《むらくも》御所は近江八幡市に移転、残った境内には

京都ガス周辺228戸ほか上京区・中京区・下京区など
●中京区蛸薬師通（河原町から寺町）と新門前通 ●下京区六条通（河原町から烏丸）と花屋町通、万寿寺通
●堀川通（鞍馬口通から東海道線（京都駅）まで） ●御池通（鴨川から堀川まで） ●五条通（東大路通から山陰線（千本通）まで） ●上京区智恵光院通（寺ノ内通から丸太町まで）ほか
⑴国鉄沿線（山陰線・東海道線・奈良線）1,117戸 ⑵神式菊工場、京都師団司令部など重要施設周辺1,840戸 ⑶堅牢建造物周辺として六原国民学校周辺475戸をはじめ左京区・東山区・下京区・中京区・右京区の59の学校や南座の周辺など4,151戸

表1　家屋の強制疎開

	個所数・地積	戸数
第1次 昭和19年7月	22か所 （104.4㎡）	950戸
第2次 昭和20年2月	5か所 （19.5㎡）	250戸
第3次 昭和20年3月	140か所 （1500.5㎡）	10,500戸
	舞鶴市	1,200戸
第4次 昭和20年 8月5～15日※	189か所 （890.0㎡）	8,000戸
	京都市	7,680戸
	福知山市	29戸
	舞鶴市	25戸
	宇治市	79戸
	宮津市	77戸

※第4次は8月5日からとりこわされたが、敗戦の8月15日で中止。なかには屋根をぬき、柱だけになったところで8月15日を迎えた家もあった。

出典：「戦時下京都の家屋強制疎開状況」（京都空襲を記録する会）

西陣織会館・ＰＬ教団が存在する。堀川丸太町西北角、蓮如上人ゆかりの浄土真宗本願寺派順興寺（南殿）は、右京区鳴滝へ戦後移る。

古地図をみると、堀川五条下るの正法院・安養院の二か寺が疎開道路上にあったが、その行方は知らない。

五条通は南側がその対象となった。西大谷本廟前、東大路角に位置した浄土宗の京都を代

表２　建物疎開補償基準

科　　目	第１次 S.19.7	第２次 S.20.2	第３次 S.20.3	第４次 S.20.8
建物除却工事費	坪当60円	30円	29円	29円
建物買収費	150円	125円	120円	150円
営業等補償費	１戸当600円	400円	367円	376円
移　転　費	１戸当500円	300円	350円	350円

参考：当時10円で刻み煙草「みのり」が50箱買えた。
出典：表１と同じ。

表する尼僧寺の袋中庵《たいちゅうあん》は、八瀬野瀬町に別院を設け、近年、右京区花園円成寺町に本拠を構えた。

五条大橋東五丁目の金光院や高倉五条の西念寺では、寺域は半減をよぎなくされたが、現地にとどまっている。

御池通寺町の一角に法華宗本門流の大本山本能寺と、その塔頭七か寺の境内地がある。幕末・維新までは広大で、今の京都市役所一帯までが寺域であった。明治に入り一部を市役所（今の建物は昭和二年建立）に譲り、今次戦争の疎開で御池通に強制執行され、三分一の境内となった。

終戦後、御池通に面した境内地に時代のニーズを先取りした本能寺会館を建設、当時ホテルや旅館不足の時代、多くの修学旅行生を受け入れた。

その西側には、服飾の時代を予知したデザイナー藤川延子女史が藤川学園を設置、のち左京区北白川瓜生山に

大和大路松原(右奥が常行院)

堀川五条の交差点

開校した京都造形芸術大学の母体となったのである。
藤川学園の跡は本能寺文化会館となっている。

二・二六事件、岡田首相をめぐる人びと

「昭和」邂逅❶

昨今〝政治とカネ〟にまつわる問題で政界はかしましいが、今にはじまったことでない。一九三四年（昭九）、「帝人疑獄事件」が起こった。台湾銀行が担保として日銀に入れていた帝国人造絹糸株の一部が財界グループ「番町会」に売買され、その株を当時の斎藤内閣の商工相、大蔵次官に政治献金として贈られたという事件である。

このことが議会でとりあげられ、検察は同年四月、台湾銀行や大蔵省などの幹部を逮捕。七月三日、斎藤内閣は総辞職した。

その結果を受けて岡田啓介（一八六六〜一九五二）海軍大将（元海相）に昭和天皇より組閣の大命が降下。同月八日、岡田内閣が成立したのである。

岡田首相は、福井県の松平藩の郡《こおり》奉行の家に生まれた。わが宗派の成覚寺（現福井

市照手一丁目、前田順弌住職）が菩提寺である。

当時この寺は、養福寺第二十八世（のち総本山禅林寺管長）五十嵐準良猊下《げいか》が兼務していた。岡田首相は清貧そのもので、組閣に必要な資金に窮するほどだったという。準良猊下は東上し、築地本願寺前で経営する檀家の料亭・蘭亭の場所を提供し、またお祝いの樽酒を多く調達したという。

一九三六年（昭十一）二月二十六日、「昭和維新」を掲げるクーデターが勃発した。世にいう「二・二六事件」である。

雪の朝、青年将校たちが一千四百余の兵を率いての決起。襲撃は速やかに実行された。総理大臣官邸、帝国議会議事堂、陸軍省、警視庁、内大臣私邸、大蔵大臣私邸におよび一部占拠された。死者は要人三人、巡査五人。当初、岡田首相即死と報ぜられたが、同首相は一室に隠れて難を逃れ、義弟の松尾伝蔵大佐が殺害された。殺害された他の要人は、斎藤実内大臣と高橋是清蔵相であった。「昭和維新」の断行を待つ決起部隊に対し、天皇は激しい怒りとともに〝叛乱軍〟として鎮圧を指示。四日目には「原隊へ帰れ」との勅令が下され、事件は収拾した。

同年七月、香田大尉ら六人の「首魁」をはじめ計十七人に死刑判決が軍法会議で下された。

この事件の背後に陸軍内に皇道派対統制派の争いがあり、事件は軍部の暴走をさらに加速させるきっかけをつくった。

岡田内閣はこの事件の責任をとり、三月九日に総辞職。広田弘毅内閣が成立した。しかし、事件後、「軍部大臣現役武官制」が復活し、軍部は常に内閣を倒せるカギを握ることになった。

事件の翌年から日本は長い長い戦争への道を歩みはじめた。

一九三七年（昭十二）に入り、二月に林銑十郎内閣、六月に第一次近衛文麿内閣が成立、以後、昭和二十年の終戦時まで短命内閣が八度にもおよんだ。

ところで、近衛内閣の閣僚には、農林大臣に有馬頼寧氏、拓務大臣に大谷尊由師が入閣している。

有馬頼寧氏（一八八四〜一九五七）は福岡県久留米市の出身で、日本中央競馬会の第二代理事長を務め、「有馬記念」の提唱者でもある。臨済宗相国寺派管長、金閣・銀閣両寺住職、京都仏教会理事長などを務めている有馬頼底猊下は甥にあたる。

大谷尊由師（一八八六〜一九三九）は、浄土真宗本願寺派西本願寺の連枝《れんし》、二十二世

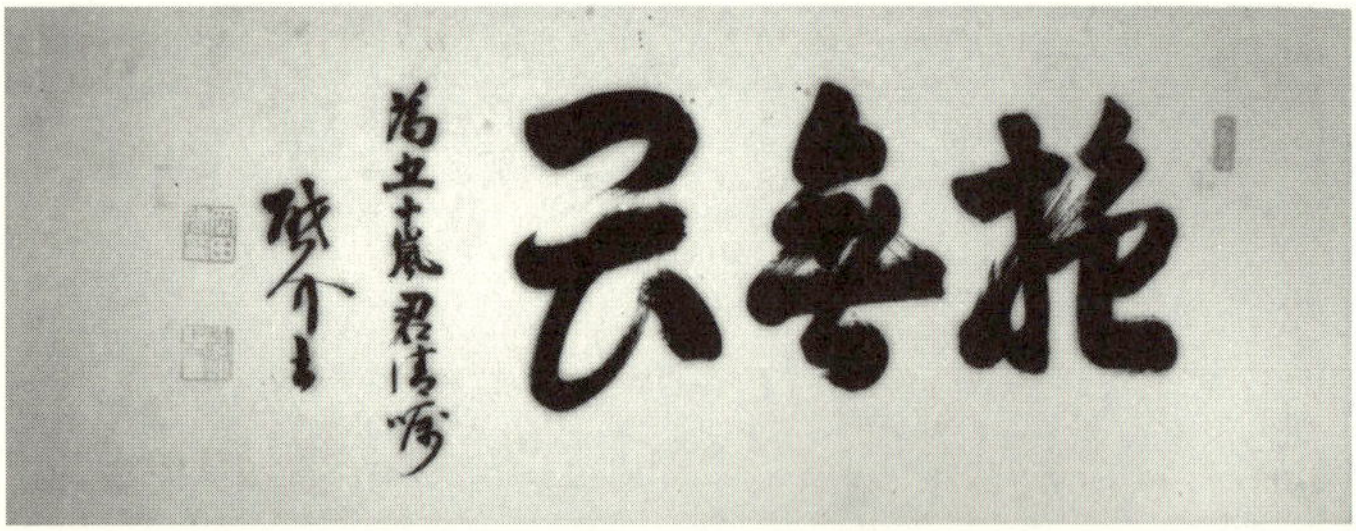

「施無畏」と揮毫された岡田首相の扁額

大谷光瑞門主の弟で、同寺の執行長、貴族院議員を務めた。

岡田元首相は辞職後に下野したが、政治の表舞台には名を出さず、重臣として活躍され、とくに終戦期には東条内閣打倒を工作したことで知られる。

『小倉庫次侍従日記』（文藝春秋、二〇〇七）の七月十八日の項にも、東条内閣総辞職にあたり、「……侍従長を御召にあり（注・昭和天皇）、枢府議長並びに総理たりし人々を集め、内大臣に意見を陳ぶるやう御沙汰あり……」とあり、岡田啓介・近衛文麿ら七名の総理経験者の名が記されている。

岡田元首相を知る人は、「広い視野と情報力を持ち、考え方に幅と弾力性があった。国の諸問題についても、平和主義的で大東亜戦争の開戦については、最後まで慎重派であり、速やかに和平に持っていくべきである」と考えていたという。

情にあつい人柄は、二・二六事件で自分の代わりに死んだ松尾大佐と、犠牲になった四人の警察官の位牌を仏壇に安置し、お墓参りも欠かさなかったという。

私の寺に岡田元首相からいただいた扁額がある（前頁写真）。あの事件後に揮毫されたものだろう。為書に「五十嵐君清囑」としたためられている。「施無畏《せむい》」とは、いうまでもなく大乗仏教の菩薩の実践すべき徳目、六波羅蜜の一つ布施行のなかにあり、布施には財産・法施と、なにものにも畏《おそ》れることのない力を与えるこの施無畏の三つがある。種々の畏怖を取り去って救うことで、観音菩薩を施無畏者とよんでいる。

岡田元首相がこの言葉を好んで書いたといわれるのは、おそらく二・二六事件に遭遇し、難をまぬかれ、官邸の一室（一説に布団部屋とも）に幽閉されたとき、体感された言葉ではないだろうか。

第四章

戦争の終焉《しゅうえん》から新たな幕開け

教団が二百六十派まで分裂

一九四五年（昭二十）十月四日、連合国軍最高司令官総司令部（ＧＨＱ）から発表された「政治的、社会的、及び宗教的自由に対する制限除去の件」の覚書から、戦後の宗教ははじまる。

この覚書によって、一九三九年（昭十四）以来、宗教団体を国家の統制下に置いていた宗教団体法は廃止され、あらたに十二月二十八日付で宗教法人令が勅命で公布された。

これまでの国の干渉ができなくなり、信教の自由という面で大きな意義を持ったが、統制の枠がはずされ教団の分派など野放し状態が目立った。ようやく日米講和条約の締結によって占領時代のポツダム勅令は廃止、一九五一年（昭二十六）三月、国会で新しく宗教法人法が可決制定された。

法人の設立は、届出主義から認証主義に改正され、この法律は財産保全を目的としたものであった。一九五一年四月に公布された宗教法人法にもとづき、信教の自由を旗印に新しく分派独立する宗派・寺院が続出し、この年、戦前の宗派十三宗五十六派を大きく上回り、二百六十派にも分裂した。

これは宗派本山から規制を受けていた寺院が、宗教の自由化により、宗派の制約を受けない独立寺院になる例も多く、また宗派に対する分担金問題・財産処分の自由化など、経済的理由もあげられる。

やがて既成のタガがはずされるや、いろいろの事件が明るみに出る。

妙法院・本圀寺などの事件

その一例をあげる。一九五四年（昭二十九）に妙法院の名園積翠園の売却問題がある。この名園は、平安期末に作庭され、平清盛の長男・重盛の山荘庭園（小松邸）と伝えられ、のちに妙法院の庭となる。

この地に日本専売公社京都病院が建つというので、地元の東山区修道学区民が学区民大会の決議にもとづく建設反対声明書を高山義三京都市長らに提出した。結局、病院は建設され、やがて所有者が替わり東山武田病院となっていたが、これまた外資系「フォーシーズンズホテル」に譲渡され、世界の有数の高級ホテルが二〇一四年（平二十六）二月にオープンする。

日蓮宗大本山本圀寺は戦国武将加藤清正の縁《ゆかり》の名刹《めいさつ》で、かつて京都市下京区柿本町（五条通堀川の南西側）に寺城三万三千坪（十万八千九百平方メートル）を有していた。一九五四年（昭二十九）に寺宝日蓮聖人真筆「曼荼羅」の売却事件が起こり、宗内は騒然となり、貫首が辞任するなど内紛となった。やがて一九五二年（昭三十七）九月、寺の維持・経営困難を理由に鎌倉への移転を計画し、貫首派と信徒総代派が対立。さらに西川景文貫首が境内地約二万六千平方メートルを売買契約したことが判明。翌年二月、日蓮宗宗務院は西川貫首を解職し、住職代務を任命した。

四月に入り、日蓮宗宗務院の審査会は西川前貫首の罷免処分を取り消したため、二人住職というかたちになり対立が続いた。十月、三谷会祥師が特命住職代務に就任。一方で三月、境内地の売却を決定。一九六五年（昭四十）八月、国家公務員共済組合連合会に境内地の約八十％を売却した。

現在、この地は北部は京都東急ホテルが取得し、南部一帯は西本願寺が買い求め、本願寺聞法《もんぼう》会館や駐車場となっている。

一方、本圀寺は一九六六年（昭四十一）一月、山科区御陵大岩町への移転を決定。昭和四十三年度から着工し完了、今日にいたっている。

同年五月には、青蓮院門跡の寺宝『大手鑑』が東京で入質され、他の寺宝も所在不明という管理体制不備が明るみに出た。

六月、当時の文部省は各宗教法人へ「適正な運営について」の通達を発した。

また八月、京都府教育委員会も社寺に対して「文化財管理基準」を通達した。

しかし翌年三月、東寺に伝わる平安の貴重な史料『東寺百合文書』の一部が流出、府は同文書をすべて買いあげることを府議会に提案、可決され、現在、府立総合資料館に保存されている（国宝）。

以上のように仏教界は内部問題の一方、外的要因でも大きく揺さぶられた。まず一九四六年（昭二十一）十月の農地解放での財産喪失である。ついで門跡寺院をはじめ、皇室あるいは大名一族によって支えられていた名刹寺院は打撃が大きかった。

やがて、これらの寺院経済の困窮化が、これまた寺宝流出や売却事件と重なる。

境内地払い下げ問題

つぎに境内地の払い下げ問題が起こる。一九四六年（昭二十一）に制定された新憲法によって、国が社寺に礼拝地以外の土地を境内地として無償で貸し付けている貸借関係を清算しなければならなくなった。

これは元来、社寺の所有地であったものを、一八七一年（明四）の上地令、七三年（明六）以後の「地租改正条例による土地の官民有区別処分」で国有地として取りあげたものである。

一九四七年（昭二十二）四月、この問題を処理する法律が制定され、宗教活動に必要な土地は無償で、それ以外の土地は時価の半額で払い下げられた。

この対象となったのは、全国で十万五千余件、京都は約二千件（約三百万坪）であった。

一九六四年（昭三十九）九月、総本山仁和寺が払い下げを受けた名勝双ケ丘、二ノ岡、三ノ岡の売却を宗派の議会で決定した。買い手は北朝鮮系の神戸の実業家であった。

この実業家は観光資源化構想を発表し、古都の保存か開発かで全国的な話題となった。

一九六五年（昭四十）六月、買い手の資金面の事情で売買契約は解除され、翌六六年二月、史跡保全のため京都市が買いあげた。

後日談がある。先に買い主を名乗った神戸の実業家（故人）は、関西を代表する在日朝鮮人の「政商」であった。

北朝鮮への貢献ぶりから勲章も貰っている。一九八三年（昭五十八）十月九日、ビルマ（現ミャンマー）を訪れた全斗煥韓国大統領の暗殺を狙い、北朝鮮工作員が韓国政府一行の訪問場所に爆弾を仕掛け、閣僚ら十数人が爆死した「ラングーン事件」が起きた。

このとき使われた船が、この実業家が北朝鮮へ贈ったものだと週刊誌が報じている。

戦後、都市過密化現象や経済的困窮などの理由で郊外へ移転した寺院は多いが、その全てが成功したとはいえない。

今日なお問題を引きずっている寺院もある。

真宗大谷派の了徳寺（河辺賢雄住職＝昭和三十三年十二月遷化）の例をあげる。中京区河原町蛸薬師下るの一等地にあったが、一九五三年（昭二十八）、上京区河原町今出川下るに移転することとなった。

河辺住職は社会福祉法人「同和園」の副理事長の職にあったので、寺の客殿を同園の講堂として移築。

新しい境内地は約千坪（三千三百平方メートル）あり、もと清洲旅館跡の買収であった。売買契約のもつれから長く係争が続き、境内は荒れ放題の状況であった。

次の住職、河辺賢立師も遷化、無住状態から宗派の京都教務所長が住職代務を勤めていた。二〇〇八年（平二十）二月頃、マスコミが一斉に報じたニュースがあった。この寺の土地買収に裏金が必要と四千万円詐欺容疑で会社員が逮捕された事件である。

この容疑者は「容易に売却できる住職代務者に交代させるための裏金がいる」として、金を騙し取った疑い。この「了徳寺問題」は、現在も解決していないと聞く。

一九六六年（昭四十一）一月、京都商工会議所観光部会が裏寺町界隈の寺院を市周辺部に移転し、跡地を駐車場、公園にしようという構想を明らかにした。

これは一九七〇年（昭四十五）開催の大阪万博に呼応して入洛者の駐車場を確保しようというもので、行政側も協力の姿勢を示し、当時の仏教会も寺院と再三にわたって協議した。主な移転先は東山連峰の一峰、花山天文台周辺の四万坪（百四万五千二百平方メートル）を造成。構想提唱者の一人、京聯自動車株式会社の川本直水社長（故人）がこの土地を取得、大阪の大末建設株式会社が買い取り、事業主となって開発に乗りだした。一九七六年（昭五十一）頃であった。

しかし墓地移転、檀家の賛同、移転費、補償費、移転先の交通アクセスなど問題は山積みし、意見はまとまらなかった。今その一部は、東本願寺東山浄苑（真宗大谷派から独立）と阿含《あごん》宗の広大な境内地となっている。

一九六六年（昭四十一）十月、顕本法華宗総本山妙満寺は中京区寺町二条下るから左京区岩倉幡枝町へ移転決定。京都市へ売却、今は駐車場と一部庁舎が建っている。

この妙満寺塔頭成就院の庭園は、松永貞徳の寄進と伝え、雪の庭といわれ、清水寺成就院の月の庭、北野成就院（廃寺）の花の庭とともに、雪月花の三庭園と称せられている。一九六八年（昭四十三）四月、本堂が落成した。

今日までの寺院移転の実数は把握していないが、七十か寺以上となるのではないか。

八十年の時空を超えての仏縁

「昭和」邂逅❷

岡田啓介元首相は一九五二年（昭二十七）十月十七日、行年八十四歳で逝去。法名は真光院殿仁誉義岳啓道大居士。葬儀は東京・築地本願寺で厳修され（次頁写真参照）。先師五十嵐準良猊下《げいか》が導師として出仕した。葬儀委員長はときの自由党総裁で、第四次吉田内閣の総理大臣吉田茂氏がつとめた。写真より鳩山一郎氏・芦田均氏ら要人の参列がうかがえる。のち郷里福井でもしめやかに執り行われた。

一九八〇年（昭五十五）頃、大津の檀家から、兵庫県西宮市在住の知人が終焉の地を京都に求めたいといっているが、いかがであろうかとの問い合わせがあった。

そこで寺に来駕をお願いし、事情をお聞きした。

当人の朝見博氏は朝見家の次男で、同家の宗旨は浄土真宗であったが、同じ念仏門の

写真前列の右端は五十嵐準良猊下。後列右端は葬儀委員長の吉田首相。その左に鳩山一郎氏。その後方に芦田均氏の顔も見られる。

信仰であり、わが宗派でも結構です、とのことであった。そして墓地を求められ、指示通り仏壇を購入され、仏壇の入魂のため西宮の自宅におうかがいした。案内された仏間に掲げられた扁額には、瀬島龍三氏の署名があった。由来を尋ねると、瀬島氏が叔父にあたるという。その折り、瀬島氏の回想録『幾山河』（産経新聞社刊）を頂戴した。同書を読んで驚いたことは、かの事件で犠牲になった松尾大佐が瀬島氏の岳父であり、岡田元首相の妹の夫が松尾大佐であったからである。

また当時の首相秘書官・迫水久常氏（のち内閣書記官長、戦後は参議院議員）の義父が岡田元首相であり、またのちの鈴木貫太郎首相とも姻戚関係にあることがわかった。

瀬島氏は総合商社・伊藤忠商事会長として知られているが、同氏は、陸軍大学校を経て太平洋戦争時には大本営参謀として作戦立案に参画、終戦直前に関東軍参謀（陸軍中佐）となった。終戦後はシベリアに約十一年間にわたって抑留された。

復員後、繊維商社だった伊藤忠商事に入社、約四年で取締役に就任。同社を日本有数の総合商社につくりあげた。一九七八年（昭五十三）、会長に就任。会長に退いたのちは中曽根康弘首相のブレーンとして活躍。行政改革の黒子役として旧電電公社や旧国鉄の民営化に尽力した。戦後の政財界に影響力をもち、作家山崎豊子氏の小説『不毛地帯』のモデルともなった。西本願寺の参与、全国門徒総代にも就任され、二〇〇七年（平十九）九月四日に逝去された。行年九十五歳だった。

大きな教団ではないわが宗派内で、八十年の時空を超えて今、朝見家との寺檀関係としてつながりをもったことは、岡田家と成覚寺との寺檀関係から松尾家・瀬島家・迫水家、朝見家と姻戚関係が結ばれていることの仏の縁を改めて感じざるをえない。

第五章

仏教界再生に向けた教化活動

独自の教化活動を活発化

戦後、新憲法が謳った「信教の自由」は宗教法人の急増、とりわけ新宗教、新々宗教の台頭を生み、それに対応するかのように仏教界も真宗では同朋（会）運動、知恩院ではおてつぎ運動などの教化を前面に、再生にむけた新たな動きがでた。

また一寺院単位でも教化面で市民の注目を集める活動が展開されたが、その反面、いつの間にか立ち消えや週刊誌沙汰となった宗教法人もある。

京都市内では、高僧が連帯して京都仏教徒会議を開催するなど、連帯の動きがでていた時代でもあった。教化面で京都仏教史を振り返る。

一九四八年（昭二十三）十一月、文部省は、公立学校に社寺と関係する授業を一切中止するよう通牒。社寺訪問、宗教家の学内での講話などを禁止した（翌年十月、文化目的のためには許可）。戦前戦中の国家神道の悪弊の余波から、多種な側面もでてきた。これが現在の公教育における宗教を避けて通るかのような事象の一因となっているが、許可された事業を再認識しておく必要があるかもしれない。

本章では教化運動に焦点を当てるが、視点を宗派とかかわりないところで、独自に聞法《もんぼう》の場を開いた事例をあげてみる（カッコ内は当時の住職名）。

教団の枠組のなかにあっても、独自の教化活動を行っていた主な人師をあげるならば、臨済宗妙心寺派法輪寺（通称だるま寺、上京区下立売通御前西入・後藤伊山住職）で毎月二十五日に「**起上りだるま会**」を開筵、禅の教え『十牛之図』『夜船閑話』などを輪読講義していた。

また、浄土宗西山禅林寺派中堂寺（下京区大宮通松原西入・伊藤歓一住職）は、毎月一回「**山彦道場**」と称して聞法の道場を開いていた。講師には当住職をはじめ、臨済宗南禅寺派柴山全慶管長や、天台宗から山口光圓曼殊院門主などの高僧が出講していた。

浄土真宗本願寺派明光寺（北区鞍馬口通烏丸東入）の浅田純雄住職は「**はちす会**」と称し、市民にわかりやすく『歎異抄』などを講話する座を開いていた。

また団体としては浄土宗系の信仰団体に「光明会」がある。主唱したのは、山崎弁栄上人（一八五九〜一九二〇）である。近代における浄土宗の伝道僧であるが、一時宗門から異端視された。

千葉県に生まれ、二十一歳のとき得度《とくど》、東京芝の増上寺で修行、一八八二年（明十五）筑波山で口称念仏二か月を修めたという。一八九五年（明二十八）、インド仏蹟を巡拝帰国後、近畿・山陰・東海・関東で日課念仏の勧誘を行った。

弁栄上人は『光明会趣意書』のなかで、「如来という唯一の大ミオヤを信じて、その慈悲と智慧との心的光明を獲得し、精神的に現世を通して永遠の光明に入る」と自覚し礼拝することが、宗祖法然上人の真髄に生きることであると説いた。一九五八年（昭三十三）頃、みずから描いた光明三昧仏《こうみょうさんまいぶつ》をかかげ、『如来光明礼拝儀』という経本により礼拝するもので、別時念仏修養会を随時行っている。

私も一時期参加したが、市内では大宮松原の専故院あるいは洛北の阿弥陀寺などがもっぱら会所となっていた。参加者は、各自木魚《もくぎょ》を持参、早朝より二時間の念仏三昧に入り、休息、法話、念仏唱和のくりかえしの修行である。

浄土宗は易行道《いぎょうどう》とはいえ、この別時念仏会《え》はまさに難行道であった。

この会の推進者・指導者としては、のち大本山善導寺に晋《すす》まれた藤堂俊章法主や、同じく大本山増上寺藤堂恭俊法主、山本空外師、笹本戒浄師、藤本浄本師、田中木叉師、清水恒三郎師らの名があげられる。浄土門においては、今でもその影響は大なるものがある。

一方、戦後は単立法人が多く出現してきた。新宗教に対し、従来の仏教を信奉するなかにおいても、各宗祖を通り越して釈尊の教えに帰ろうという再生運動が繰り広げられたのも一つの特長といえる。

ここで二、三の単立法人を紹介しておこう。

一九六四年（昭三十九）五月に法人を設立した**釈尊教団心華寺**（宇治市神明石塚）がある。代表役員長沢一栄住職は、京都室町の呉服商であった。地域のため幼稚園も経営している。

一九七四年（昭四十九）八月設立の**釈尊教団大悲田**（下京区中堂寺壬生川町）代表役員の森本政志氏は、鹿児島県生まれで、四歳のとき両親に死別し、祖母に育てられた。困窮の生活のなかでも祖母の信仰心に育まれ、念仏を唱える日暮らしであった。

一九二八年（昭三）青雲の志を抱いて上洛、艱難辛苦のすえ、ガス配管工事会社を創立、社員百五十人を擁する規模に発展させた。

一九六四年（昭三十八）七階建てのひじりビル建設を発願、翌年三月に竣工した。地下の基礎部には、全国有縁の人々より写経石（一万三千五百四十二個）が納められ、七階の聖殿《ひじり》には釈迦如来像・聖徳太子像・観音菩薩像の諸仏が安置されている。

毎月十六日の例会には、大西良慶清水寺貫主らの法話を行ってきた。

日本釈尊正法会（一九五七＝昭和三十二年二月設立、右京区宇多野福王子町二—二、代表役員：鷲見東観）。この団体は、文字通りお釈尊さまの教えを正しく伝えようと発足した。ことの起こりは、一九五三年（昭二十八）頃、南方仏教との交流のためビルマ（現在のミャンマー）に留学僧として派遣されたのが内田信也師・鷲見東観師ら五、六名であった。次の派遣には、壬生寺貫主松浦俊海猊下《げいか》（前・律宗管長、唐招提寺長老）らがおられた。当時のビルマは社会主義的仏教国で、ウー・ヌ首相が政権を担い、積極的な外交を行っていた。

一九五四年（昭二十九）十二月、世界仏教徒会議が開かれ、京都から柴山全慶臨済宗南禅寺派管長、石田充之龍谷大学教授、そして派遣僧の内田信也師ら六名が出席した。

一九五六年（昭三十一）四月には南北仏教交流のため、ビルマ政府、仏教会派遣僧、ラングーン大学教授ウー・ティティラ僧正、国際仏教大学教授ウー・ニャヌッタラ僧正が来日した。

そして、内田師らとビルマ政府の交渉で、日本にビルマ政府の資金でパゴダと僧院を二か所建設し、ビルマ仏教会から派遣僧を定住布教することとなった。

その一か所は、一九五八年（昭三十三）北九州市門司区（当時・福岡県門司市）の和布刈《めかり》公園の一部で四十五万平方メートルを門司市が提供し、世界平和パゴダを建設した。これには、太平洋戦争戦没者を慰霊し世界平和を祈念するため柳田桃太郎門司市長（当時）が中心となって奉賛会を組織し、バックアップを得て竣工した。

派遣されたケミンダ大僧正が五十年にわたり住職をつとめていたが、二〇一一年（平二十三）十二月逝去。奉賛会も高齢化などで会員数が減少し、このパゴダは休館していた。再開が決まったのは二〇一二年八月。民主化されたミャンマー政府が運営費を支援、ミャンマー仏教会が住職と僧侶を派遣、存続されることとなった。

他の一か所は京都府八幡市鳩ケ峰であった。一九五七年（昭三十二）九月十二日、着工式を挙行した。鳩ケ峰は、石清水八幡宮に隣接する標高百四十二メートルの丘陵で、男山ケーブルのなかほどからのルートで出入りできる。このケーブルは、大阪の蒲鉾《かまぼこ》商「大寅」の小谷権六社長（当時）が、毎月八幡宮参拝のために戦時中廃止されたケーブルを再建立したものので、のち京阪電車に譲渡している。同氏の協力で侵入路が確保され、建設施工は、伏見の宮川建設と久保田石材店で行われた。しかし、着工の翌年、ビルマ国で、ネ・ウィン将軍の軍事クーデターによりウー・ヌ首相は失脚し、資金の送金が途絶え建設は上棟まで進捗しながら、この計画は頓挫したのである。

内田師は龍谷大学では私と同期で、この当時は西本願寺前を活動拠点におき、映画『ビルマの竪琴』で見られるビルマ僧の衣鉢《いはつ》で市内を闊歩し話題となった。

現在は東京都渋谷区に「インド文化協会」を設立。名前も内田大円と改めている。『週刊朝日』（二〇〇七年四月六日号）に〝謎のインド友好団体と松岡農水相――安倍政権のアキレス腱に新疑惑〟と題して四頁にわたって特集が組まれている。

「仏教保全経済会」

朝鮮戦争による特需は一九五三年（昭二十八）七月の休戦協定調印とともに終わり、後には不況が吹き荒び、企業倒産、失業者が溢《あふ》れた。

インフレのさなか、年利二割四分をうたって、庶民の金を集めた男がいた。「保全経済会」という金融機関を起こした伊藤斗福《ますとみ》理事長である。

韓国・釜山の生まれで、来日四十年後に養子縁組で日本国籍を得た。

一九四八年（昭二十二）春、東京・小岩で営業を始め、翌四九年には上野松坂屋前に進出した。

同時に、東西両本願寺の有力者である大谷瑩潤師（当時、自由党参院議員）を会長、大谷照乗師を副会長に、そして大手教団の指導者を主要役員に委嘱し、「仏教保全経済会」を設立、本部を祇園石段下の「石ビル」に置き、檀（門）信徒から広く資金を集めた。

同会は匿名組合として、出資金は一口一万円以上、配当は月二分の高利で無税と派手な宣伝で人びとから集めた金は、最盛期には当時で六十億円にも達した。

インフレの進行で、運用先の株や不動産は数倍にも高騰したという。

法の盲点を潜って暴利をむさぼり、平野力三（社会党元農相）、早稲田柳右衛門（改進党代議士）ら著名政治家が顧問に名を連ねた信用で同会は続き、投資家は約十五万人に達した。

一九五三年（昭二十八）三月、ソ連首相スターリンの急死で株価は暴落し、四億円近い損失を出す。やがて特需も終わり、出資金で既契約者に配当を出す「タコ配経営」を余儀なくされ、五億円の赤字を抱えて行き詰まった。翌五四年一月二十六日、東京地検と警視庁捜査二課は庶民の「虎の子」を食い物にした伊藤ら五名を詐欺などの容疑で逮捕した。

伊藤は逮捕前に右翼の大物児玉誉士夫氏を通じて鳩山一郎（元総理の祖父）や三木武吉氏

らに一億円の政治献金をして政府の救済融資や保護立法を頼み込んだというがおよばなかった。

一九六五年（昭四十）十二月に懲役十年が確定した。「仏教保全経済会」に名を連ねられた高僧・政治家の方々は、如何なるかたちで責任をとられたのだろうか。

市民参加の「京都仏教徒会議」発足

一九五四年（昭二十九）五月、京都仏教徒会議（初代理事長のち会長は大西良慶清水寺貫主）は、戦後社会の混迷と不安のなかにあって、僧俗仏教徒が正法《しょうぼう》実践を志して組織された。

この会の設立宣言と綱領は次の如くである。

> 私たちは、深く自らを内省し、実践を通じて仏教精神の体得に努める。私たちは、仏教精神を現代に生かすため、不断に研鑽し努力する。私たちは、仏教精神にもとづく平和運動を実践し、人類の福祉に貢献する

であった。

発足後、私が常務理事・事務局長としてかかわった一九七八年（昭五十三）までの二十五

年間は、当時、物心両面にわたるさまざまな困難があったが、この会が自由な信仰者の同志的集りであり、正法興隆と実践を志す求道者の結集であったから乗り越えることができた。

京都にある教団の管長、宗務総長、門跡、名刹の住職、大学教授、一般寺院住職、市民仏教徒や学生もみな宗派や地位や身分を越えて平等の立場で、それぞれの意見に耳を傾け、学習したり、研究したり、いつも寛容で自由な雰囲気があった。

活動の推進力であった各理事は、常に奉仕の精神であり、自行化他《じぎょうけた》の菩薩行であった。釈迦教団の当初は、おそらくこのような集団、僧伽（サンガ）であったのであろう。

実践活動についてあげる。

▽講演会・シンポジウムの開催

一九五六年（昭三十一）二月の第一回開催から七一年（昭四十六）にいたる間、十八回の講演会やシンポジウムが開催された。湯川秀樹博士、京大総長平沢興氏、山田無文老師、鶴見俊輔氏らが出講した。

▽市民のための「信仰相談所」の開設

仏教界初の試みで注目を浴びた。一九六三年（昭三十八）八月、事務局の壇王法林寺に開設。毎月七・十七・二十七の午後、本会の理事の各師が対応した。十三年間、三百回におよんだ。相談の主な内容は、「家族内の嫁と姑の問題。人生の悩み相談。迷信の問題。新宗教入信と家族の不和」などであった。

▽定例研究会の開催

一九五六年（昭三十一）三月から七三年（昭四十八）四月まで、年平均五回の開催で、のべ二百回を数える。テーマは、その時代に適応したもので、「現代のなやみ」「社会福祉と仏教――老人福祉について」「最近のベトナム事情」「私たちの生活と憲法」「迷信とまじない」など多士済々であった。

その他、▽原水爆禁止の運動、▽都市寺院問題シンポジウムの開催、▽ベトナム戦争終結のための行動と救援金の勧募の事業、▽古寺めぐりと現地仏教講座、▽京都高僧墨蹟展など多彩なテーマで開催した。

特筆すべきは『人生読本』の編纂で、一九六一年（昭三十六）一月、同会議のなかに設けられた仏教現代化専門委員会（光華女子大学教授道端良秀委員長、同会理事長）は二十名の編纂委員で構成され、集中討論のうえ各項を宗教誌上に公開し、広く意見を求めた。

そして、四年にわたる討議の結果が、一冊の書として編纂されて一九六五年（昭四十）七月、東京の大法輪閣から出版された。この『人生読本』は、発刊以来今日まで増版を重ね、まさに仏教本のベストセラーで、私学の中高学校の副読本として重宝されている。今日でもその内容は普遍的で時代を感じさせない。

とりわけ注目されたのは、市民のための「寺子屋」講座の開設であった。この時代、仏教に対して〝信教の自由〟のたてまえからマスコミや行政は、新宗教や労働組合、反仏教団体などの関連で一定の距離をおいていた。今日では各新聞社はこぞって文化センターを開き、幅広くテーマをとらえて市民にカルチャーの普及に努めている。

また、交通機関も駅名を社寺名に変えたり、バスのボディーに大きく朱の鳥居を描くなど、今昔の感がある。

その先駆けとなったのが、この「寺子屋」講座であった（次頁写真参照）。講座の第一回は一九七一年（昭四十六）九月にはじまり毎週土曜日夜開講、十一月六日合宿、翌日朝「写経」のち開講、計十一講座で、会場は三条京阪前、私の自坊である養福寺（のちに寺院は八瀬に移転、事務局も移転）であった。

翌年第二回以降、毎回八講座開かれ、一九七七年（昭五十二）まで八年間続いた。講座内容は、紙幅の都合で割愛するが、のちにその一部は『仏教とは』と題して大法輪閣より出版され好評であった。

「寺子屋」講座の様子

この京都仏教徒会議に参画された人師は、のべ二百余人に達するが、発起人の芳名のみ列記しておこう（敬称略）。

林　恵鏡　禿氏　祐祥　奥　博良
金子　大栄　川辺　賢雄　塚本　善隆
山田　無文　山口　光圓　山田　日真
増山　顕珠　佐藤　順道　菊入　頓如
宮城　信雅　久松　真一　宮城　敏夫

以上、教団、各宗派の枠外での教化活動を紹介したが、持続性には限界があった。偉大な指導者・求道者による発展も、その後継者の育成がなければ、活動を次代へつなげることはできないということだ。

今日までの歳月は、科学技術の発展、経済の成長で、社会の様相は大きく変貌し、市民生活と同様に寺院と住職、寺族の生活もまた大きく影響を受けている。ことに情報化の時代を仏教界はどのように受けとめ、社会のニーズにどのように応えるのか、そして衆生済度《しゅじょうさいど》にむかって、いかに正法を実践していくのか、これからの重要な課題であろう。

「京都古文化保存協会」の組織化

京都古文化保存協会が一九四八年（昭和二十三）十二月、民間団体として結成された（事務局は東山区・妙法院内に置かれ、現在、菅原信海妙法院門主が理事長）。「京都府下に所在する古文化財の維持保存並びにその文化財的活用を図り、もって文化財保護に寄与すること」を目的として、公的機関が文化財保護に関係することができないので独立したかたちで発足した。初代理事長は岡田戒玉醍醐寺管長、続いて大西良慶清水寺貫主が務め、一九六二年（昭和三十七）頃、三崎良泉妙法院門主が就任。

一九六五年（昭和四十）二月、三崎門主を設立代表者として財団法人の設立認可を得た。今日、文化財を保有している寺院・神社・法人、あるいは一般民家約三百六十会員をもって構成されている。

事業内容は庭園・境内地・山林などの景観を維持するため、樹木の害虫駆除や、春秋二回の文化財保護月間に協賛して非公開文化財特別拝観や文化財修理、修復相談会などを通して社会への啓蒙活動をおこなっている。

この団体は、全国で最も組織面が整った文化財保護団体といわれてきたが、京都市が強行した文化観光税（第六章で詳述）問題にからんで同協会が内紛し、大揺れする事件が惹起《じやつき》した。

その一因に、財団法人設立のさいに、京都市から基本金一億円を導入し、理事二人・監事一人を受け入れた経緯がある。

京都市側は、文化観光税解決のため、この協会に楔《くさび》を打ちこんだのである。

「仏教クラブ」の設立

一九六三年（昭和三十八）十一月、京都仏教クラブ（のち仏教クラブと改称）が発足した。設立にあたって三崎良泉妙法院門主が十万円拠出され、東山閣（のち京都ステーションホテル）を例会場とした。

初代会長に三崎良泉妙法院門主、副会長には塚本善隆京都国立博物館長・今小路覚瑞相愛学園長を選出、事務局長には高橋良和師が就任した。

名称から京都を除いたのは、関西を中心とする集いと改めたからで、現在は例会を月一回、第二金曜日に京都センチュリーホテルで開催している。

会長は今日まで僧職にあるもの、副会長二名のうち一名は在俗の会員から互選されてきた。今日までの会長は二十三師が歴任し、現在は森清範清水寺貫主が就任。

創立十五周年頃、親睦の集いにとどめず、社会貢献をしようと広く墨蹟を集めて墨蹟展を開催、その収益を社会福祉事業に寄託してきた。

家田隆現事務局長の代に入り（一九九六年、佐野大義会長）、目に見える奉仕へと移行させ、「三宝の集い」と名称を冠して支援事業を行った。

その一例をあげると、インドマヤ堂復興、阪神・淡路大震災犠牲者三回忌追悼への支援、インドマイトリの会に小学校校舎建築資金の一部を支援。

私が会長を拝命した一九九八年（平十）から四年間、チベット学校建設推進協会へ、モンゴル仏教総本山ガンダン寺へ児童僧の教育棟支援、カンボジアの一二三《ヒフミ》日本語学校校舎建設支援などにとりくんできた。

今日では、二〇〇六年（平十八）より仏教を学ぶ留学生の支援を継続事業としておこなっている。二〇一三年（平二十五）、創立五十周年を迎え、十月には記念事業として「平和を

祈る音楽法要　さだまさし・東日本大震災復興支援チャリティコンサート」を開く。なおこの仏教クラブと直接つながらないそうだが、一九三二（昭七）十二月八日、京都仏教倶楽部が円山公園の仏教児童博物館を本部として発足。実行委員に漆葉見龍・山名義順・奥博良・藤音得忍・武内義尚・近藤与治郎・足利浄円の七師（『仏教年鑑』昭八）の名があがっている。この倶楽部は同八年五月三日、日印問題研究会を開催、井川定慶師の発議で京都に日印協会を設置することを決議（同前）。

大阪万博に向って「五社寺協会」発足

一九七〇年（昭四十五）三月十五日、大阪・千里丘陵で日本万国博覧会が開幕、九月十三日までの期間中の入場者は六千四百二十一万人余で、大阪万博は高度経済成長の象徴だった。当時の日本人の多くは、戦後のドン底から立ち直り、経済的繁栄を享受していた。

京都の仏教界も一九六一年（昭三十六）の遠忌ブームの再来と期待していた。その矢先、一九六七年（昭四十二）十二月、京都市文化観光局は、きたる万国博をひかえ新観光コースを開発する目的で四十社寺を選んだ。有名社寺に加えて円通寺・金福寺・実相院・永観堂・即成院・地主神社・豊国神社などの名前があった。

その後、市側からのアプローチがあったか記憶にない。うがった見方をすれば、のちに提出された古都税への伏線が狙いではなかったかとも思われた。

一方、時を同じくして五社寺協会なる組織の結成が浮上してきた。その仕掛け人は永井行典師。

この構想は、万博を前にして入洛の観光客を呼びこみ、一定の成果があがれば終了後も続けようとのことであった。

参加の社寺は、下鴨神社・相国寺・永観堂・東福寺・城南宮。事務局は永井行典師の寓居で、企画立案はすべて同師が行った。

さて、五社寺協会においての演出は、下鴨神社では貴族社会で行われた蹴鞠、相国寺はお琴の演奏、永観堂は十二単《ひとえ》の着付け公開、東福寺は堂塔伽藍の特別公開、城南宮は和歌を庭園で詠む雅《みやび》な曲水の宴などであった。

旅客誘致のため、当時の政界の大御所、田中角栄元首相の地元新潟県長岡市の越後交通バスと契約、旅行者を独占し、京都での宿泊はすべて永観堂会館をはじめ協会指定のところに宿泊させた。

永井師が政治性を発揮し、田中元首相の秘書軍団の筆頭秘書早坂茂三氏（故人）や、最側近で金庫番の佐藤昭子氏（故人）を通じ、政治献金を地元後援会「越山会」の城代家老を自認する本間幸一秘書（故人）に届けたという。

旅客誘致は万博終了まで順調であったが、事務局からの精算が滞《とどこお》り、再三再四の督促で会議を開催することになった。その席上、永井師から縷々《るる》経過説明がなされ、決算上、相当な赤字となることが報告された。当日出席の社寺関係者は立腹、唖然としたが、当時、会長職にあった相国寺の宗務総長村上慈海老師が、会長の責任において赤字を全額補塡することで決着した。

後日談がある。大阪万博の翌年一九七一年（昭和四十六）であったか、ＭＢＳテレビ（毎日放送）から永観堂へ十二単の着付けを、ウィーク・エンド・ショー（笑福亭仁鶴師匠司会）で公開できないかとの出演交渉があった。

五社寺協会はすでに解散状態であり、いかがしようと思案中、毎日放送側で十二単とモデルは準備するというので引き受けた。

問題は着付け師の人選であった。そこで祇園町に近く、着付の経験豊かなＡ美容院の経営者Ｍ女史に依頼した。

「十二単」は普通の着物と違って大変複雑である。時代によって多少異なるようだが、着用順に〝内衣《うちぎぬ》、帯、襪《したぐつ》、打袴《うちばかま》、単《ひとえ》、打衣《うちぎぬ》、五衣《いつぎぬ》（五領《ごりよう》かさねる）、表着《うわぎ》、唐衣《からぎぬ》、裳《も》〟となる。これを一本の腰紐で衣一枚ずつを結び、巧みに引き抜き衣帯《えたい》を整えるのである。

そこでM女史は、画家で日本女装風俗の権威である吉川観方氏（故人）へ挨拶、助言を受けショーにのぞまれ、恙《つつが》無くその任を果たされた。

昭和の快(怪)僧・永井行典師

逸聞2

一九六六年（昭四十一）五月「青蓮院の寺宝〝大手鑑〟東京で八十五万円で入質される。他の寺宝二十点も所在確認二点だけで同院のルーズな管理が明るみに出る」とマスコミは伝えた。

一九五三年（昭二十八）六月、東伏見慈洽《じこう》台下が青蓮院門跡に晋山《しんざん》され、永井行典師が執事に就任。

当時、撮影所がお化屋敷のロケーションに使ったというほど、境内は荒廃していたそうだ。就任した永井執事は復興のため行動力を発揮する。師の渾名《あだな》が「びっくり行典」といわれていたように数々の企画を打ち出す。

翌五四年（昭二十九）十月、定期観光バス京都夜の遊覧コース、外国人のためのナイトツアーをはじめ、元養命酒会長大野善久氏の協力を得て、東山ドライブウェー将軍塚を整備し、五九年（昭三十四）からは将軍塚から京の百万ドル夜景遊覧、王朝文華の紹介、女性のためのウィーク・エンド・ツアーなどを展開した。夜の時間をもてあます観光客、とくに修学旅行生らに大人気であった。

ライトアップされ、琴を奏でる由緒ある好文亭をとりまく名園は幽玄な情景を醸し出し、白衣に黒袴《ばかま》の一休さんの身仕度《みじたく》で手には小田原提灯を携え、流暢でユーモアあふれる解説は、拝観の人びとを大いに魅了し、当時の週刊誌のグラビアページも飾ったという。今日の夜の観光の先鞭を着けたのが御仁である。

一九六三年（昭三十八）春、香淳《こうじゅん》皇后陛下（門主の実姉）の行啓、六六年（昭四十一）春、元内閣総理大臣田中角栄氏の来訪などがあって同師の絶頂の時期であった。

しかし、財政支出については大きく破綻し、冒頭の事件となったのである。

この寺宝流出事件で同師は退任（一九六六年）、その後裁判となるが、同門跡寺院の一週に居住し、一方では「五社寺協会」（一二五頁参照）の設立に動く。

事件の裁判は以後六か年続くが、故田中角栄元首相の秘書本間幸一氏（二〇一一＝平成二十三年五月逝去）、天台宗延暦寺中山玄雄執行の斡旋で一九七二年（昭四十七）五月末日、和解が成立した。これには、前堀政幸・香山仙太郎・村田敏行の三弁護士がかかわる。

行典師は住居を白川通修学院道のマンションに移し、同年七月から比叡山延暦寺執行公室企画課に入り、あわせて奥比叡開発株式会社の参与として赴任するのである。

その後、同師の音沙汰がないので無事比叡山上で奉職しておられるものと理解していたのだが、当時の執行の神原玄祐師退任とともに、突如三千院門跡にあらわれるのである。神原三千院門主の晋山式では地元寺院と相談なく、一方的に式を司《つかさ》どり、総反発をくい三千院執事入りを断念した経過がある。

そして私の前にあらわれた同師は、亀岡市曽我部町犬飼北山に所在する天台宗の古刹、山王寺の復興のため住職に就任、京阪電鉄開発部とタイアップして、境内の霊園開発を計画しているという。その成否のほどをうかがうことなく、やがて病魔に犯され消息は絶えた。なお同寺の住所で一九七八年（昭五十三）二月、単立法人毘沙門会なる法人を京都府文教課から認可をうけ代表役員となっている。

まさに、神出鬼没の永井行典師であった。

第六章

京都市政と仏教界

「文観税」と「文保税」の背景

平安期、ときの為政者白河上皇は〝鴨の流れと、山法師、賽の目〟はままにならぬ、と嘆いたという。山法師とは、比叡山延暦寺を代表する寺院・僧侶である。ながい歴史のなかで、ときとして王法（国）と仏法は対立してきた。やがて江戸期に入り、徳川幕藩体制は、寺院を宗門改めや寺請制度として組み入れてきた。

戦後は、政教分離が図られ、信教の自由は保障された。

一九五〇年（昭二十五）、自治体首長の公選制で、当時吉田内閣の中小企業庁長官であった蜷川虎三氏が京都府知事に当選した。

同知事の施策は、俗っぽい言葉だが、常に〝白足袋族《しろたびぞく》〟とは仲良くせよというものだった。

白足袋族とは、府下三万人を越える神社仏閣の人びと、西陣・室町を代表する和装繊維業界の人びと、祇園をはじめ五花街《かがい》や、伝統芸能に携わる人びとを指す。

これらの業界やその関連する人びとを束《たば》ね、二十八年にわたる革新府政を築いた。まことに巧みな表現であり、政治手法であった。

一方、京都市の歴代の首長や首脳は、市内約一千六百か寺を有する仏都でありながら、宗教とくに仏教に対する造詣に乏しく、文化観光都市の保全のため安易に社寺拝観者に対し三度にわたる人頭税を課す暴挙にでたのだ。

京都市と寺院対立の序章

このときの市長は、高山義三氏である。一九五〇年（昭二十五）、革新勢力の推薦を受けて初当選、六六年（昭四十一）二月まで四期十六年にわたって市長を務めた。五〇年（昭二十五）のメーデーでは、蜷川府知事らとスクラムを組み先頭を歩いたが、やがて政治路線は右へと舵《かじ》を切ってゆく。

弁護士出身で、とくに刑事弁護には敏腕をふるったといわれている。今の橋下徹大阪市長と行政手法がよく似ている。

敬虔なクリスチャンであったが、一方で艶聞《えんぶん》もある。常に毀誉褒貶《きよほうへん》相半ばする市長であったそうだ。

戦後の京都の復興に貢献されたことは確かだが、一九五〇年（昭二十五）十一月、京都国際文化観光都市建設法が制定され、その財源確保に躍起となる。その最たるものは、これから記述する拝観料への徴税や、日本三大祭の祇園祭の山鉾巡行路を一九五六年（昭三十一）より御池通のメインストリートに移し、六六年（昭四十一）には前・後の祭りを同じ日に統合するという強引な手法で（今、再び後の祭りの復活が計画されている）〝信仰か観光か〟の一大論議を呼んだ。

市長の宗教観は私たちと違い、神社仏閣への拝観参詣は単なる文化財の鑑賞であり、日本古来からの一般社会の習俗行為にすぎないとの考えであったようだ。

日本仏教の根本思想は「山川草木悉皆有仏性」の教えで、すべての行いは宗教心に通じ信仰なのである。

この宗教都市京都には中庸で深い信仰心のある人師が市政のリーダーとなることが求められるのではないだろうか。

では市政のなかで宗教者の首脳が輩出されたのだろうか。

私の知る範囲では、大橋俊有元教育長、椋田知雄元市会議長を思い起こす。大橋師は、浄土宗西方寺（下京区綾小路大宮西入）の住職で、大橋天皇と異名をもつ行政マンでもあった。縁故採用の許された時代、多くの住職や僧侶を教育、民生畑の職員として送り込んだ。この方々は、文字通り〝二足のわらじ〟で勤めていたので、葬儀や盆中は代休をとって抜け出すのであまり評判もよろしくなかった。市役所内は典型的な縦割り組織。文化観光施設税（以下、文観税）問題で反対の動きを起こすこともなかったと思われる。

当の大橋師も晩年、市公営企業管理者・交通局長として市の交通事業の建て直しのポストに追いやられ、退職後は京都文教短期大学の学長に就任された。

一方、椋田師は、真宗大谷派光徳寺（南区唐橋高田町）の住職、共栄保育園園長、みのり園理事長、また大谷派の宗会議員としても活躍された。市会議員としての経歴は長く、市会議長に就任されたが、悪しき慣習で一年で交代されたので、充分な行政手腕を発揮されることは多分なかったと推察する。

だが、後半の古都税問題では、平和的早期解決を水面下で働きかけられたこともあった。惜しくも二〇〇八年（平二十）七月二十日遷化（逝去）された。

「入市税」から「拝観窓口」で徴税

応仁の乱（一四六七〜七七）の後、室町幕府は日増しに衰退の傾向にあった。そのなかで一人権勢をほしいままにした女性がいる。日野富子である。将軍足利義尚《よしなお》の母としての確固たる地位、それに数万貫にもおよぶ蓄財が彼女の威勢を支えていた。一四五九年（長禄三）、京都七口関《ななぐちせき》の徴税をもうけ、莫大な税収を得た。大乱の後も関所の経営を行ったという。

この通行税に着目した高山義三市長は、一九五六年（昭三十一）、当時の京阪電鉄の村岡四郎社長から、ヨーロッパ視察のときイタリアでは観光客から入市税のようなものを徴収していると聞き、助役に検討を命じた。当時の中根武夫助役は、近代都市の入市税徴収は技術的に困難であり、むしろ数多くある社寺の拝観者に対して、税金を納付させることの方が効果的であると腹案を決め、市長に報告した。

この経緯が税徴収の引き金となったのである。

その構想は次のようである。文観税を法定外普通税として、文化観光財の鑑賞者より納付させ、社寺は徴収義務者として協力する。

税収は、国際文化観光会館の建設、観光道路の整備、観光客用の休憩所・トイレなどの設置や整備その他に充当するという案で、五月以来、自治庁や大蔵省はじめ関係当局と折衝を重ね見通しがつき、社寺側と交渉をはじめた。

しかし、社寺側は税と宗教行為とのかかわりから反対し、相互の意思疎通を欠いたため、

<別表>

文化観光施設税			
年度	税　収	対　象 社寺数	備　考
31	11,272(千円)	18	昭31.10.13から
32	68,698	19	
33	70,369	19	
34	78,287	20	
35	87,444	20	
36	103,245	32	
37	101,669	32	
38	118,140	32	
39	23,626	32	昭39. 4.12まで
文化保護特別税			
年度	税　収	対　象 社寺数	備　考
39	60,792(千円)	32	昭39. 9.1から
40	146,898	32	
41	133,294	32	
42	136,237	32	
43	147,183	32	
44	77,476	32	昭44. 8.31まで

（京都市理財局資料）

拝観ストを惹起するなど鋭く対立した。それでも同年八月十七日、「文観税」が市会で議決された。

その後九月、太田正孝自治庁長官の許可を経て、十月一日に施行された。

同税は十月十三日から七年半の期限付きでスタート、指定社寺を訪れる観光客に対して大人十円・こども五円の税金を徴収した。

指定社寺は当初九社寺であったが、六四年（昭三十九）四月十二日の期限切れまでに三十二社寺となった（経緯は後述する）。ついで、「文化保護特別税」を「文観税」に代わるものとして六九年（昭四十四）八月三十一日までの五年間実施。拝観料より引き続き大人十円・こども五円を徴収（前頁の別表参照）。

これらの税収入は合わせると十三億六千万円に上り、京都会館建設に六億七千五百万円、文化財の保護・伝統芸能の保存などに四億三千四百万円、観光道路・トイレ整備に一億九千四百万円が使われた。

寺院の反対運動の経過

一九五六年（昭三十一）五月十三日、京都市は社寺拝観料からの観光税新設を説明、まず京都古文化保存協会に協力を求める。これにより社寺側の反対運動が起こる。

同年七月十六日、苔寺（西芳寺）が同税に反対し、一般の拝観を拒絶。二十二日、指定対象社寺二十か寺が、全国会議員に同税反対の陳情を行う。二十五日から、対象社寺が一斉に拝観を中止した。

十月一日、京都市は同税を施行、十三日、二十社寺に対して同税の実施を告示。反対寺院に対して自動的に徴税義務者に指定した。

これまでに二条城、平安神宮、妙法院、醍醐寺、三宝院、天龍寺、広隆寺、仁和寺、東福寺、曼殊院が徴税を届け出る。

同月十九日、霊山観音会が同税に反対し、京都府知事に訴願。さらに京都地裁へ高山市長と太田正孝自治庁長官を憲法違反で提訴。

十二月一日、強硬に同税の反対を主張した九寺院が市長と協議し、覚書を交換、同税問題は一旦解決する。

十二月十五日：清水寺・龍安寺・金閣寺（鹿苑寺）、同月二十五日：銀閣寺（慈照寺）、翌五七年三月一日：青蓮院・苔寺、四月一日：寂光院、五月一日：大覚寺、五九年十月：三千院とさみだれ式に徴収を開始した。

その後、同税指定寺院以外の泉涌寺・知恩院・詩仙堂・大仙院・東寺・瑞峰院・高桐院・龍源院・三玄院・黄梅院・芳春院・退蔵院・南禅寺・金地院が加わり、総数三十二か所に達した。

この税は六四年（昭三十九）四月十二日限りの時限税であったが、期限満了と引き替えに、京都市側は同年三月二十七日に「文化保護特別税（以下、文保税）」と名称を変更し、内容も一部補正して再登場させようとした。ここで寺院側とまた一悶着することとなる。

まず同年三月六日、三十一の指定社寺が税金を寄付行為に切り替えるよう要望、清水寺・金閣寺など大手十一か寺は拝観料を値上げし、徴税非協力の態度を打ち出した。

一方、同月十六日、大仙院など大徳寺山内塔頭寺院七か寺は新税に協力するとの態度を示す。銀閣寺・金閣寺・龍安寺など十一か寺は「文保税」拒否を申し合わせる。

四月六日、同税に反対する清水寺・金閣寺など十一か寺は「同税は信教の自由を保証する憲法に反する」との声明を発表する。

七月二十五日、同税に最後まで反対の清水寺が協力を表明、自治省の許可（六月五日）後二か月遅れで同税は円満解決し、九月一日に実施。これもまた時限税として六九年（昭四十四）八月三十一日限りで廃止となった。

実は清水寺はじめ最後まで反対していた十一か寺と京都市は、覚書を締結していた。その要旨は次の通り。

覚　書

京都市文化保護特別税条例の実施に当っては、社寺は市の同条例の適正円滑な施行について協力し、市は社寺の宗教法人としての特殊性を尊重することによって、所期の実を挙げるべく、市と社寺との間に左記の事項をとり決める。

記

(一)〜(四)は省略

(五)　本条例の実施につき、市と社寺と協議する必要があるときは、関係社寺の代表者と市の関係者からなる運営委員会で協議の上決める。

(六)　文化保護特別税の期限は、本条例適用の日から五年限りとし期限後においてこの種の税はいかなる名目においても新設または延長しない。

昭和三十九年七月二十六日

京都市長　高山義三
妙法院門跡　三崎良泉
清水寺貫主　大西良慶
慈照寺住職　大津櫪堂
鹿苑寺住職　村上慈海
龍安寺住職　松倉紹英
仁和寺門跡　花桝智勝
大覚寺門跡　草薙全宜
天龍寺住職　関　巍宗
西芳寺住職　藤田价浩
広隆寺住職　清瀧英弘
退蔵院住職　古田宗忠

しかし十八年後、市側はこの覚書はすでに時効として、「古都税」の名称のもと復活させようとし、またまた大騒動が再燃する。

「古都税」問題の発端

京都市は先の「文観税」「文保税」終結の覚書を交わしながら、十八年後、この覚書は時効と再び「古都税」を持ち出した。市は反故《ほご》の理由に経済的・社会的変動をあげ、「覚書」に法的拘束力はないとした。ここでは施行後二年余で廃止せざるを得なくなった事由について二、三の視点から考える。まずその発端と経過から述べてゆこう。

一九八二年（昭五十七）三月、京都市財務消防委員会で二十六億円の赤字補塡対策として、公明党の提案である文観税の復活が論議されたことにはじまる。

七月、同委員会で理財局長が同税導入を示唆した。

そこで京都古文化保存協会（以下、古文協）を通じて対象社寺の説得工作に乗り出した。古文協は先述した如く、財団法人化にさいし、市は六四年（昭三十九）の文観税導入から二億円を基金とし、理事・監事を送り込んでいた。この取引きによって当時理事長の藤田价浩西芳寺住職は、先の文観税のときは反対の急先鋒であったが、今回は最初から賛意を表明した。

賛成の理由の一つは、「市は寺側に対し十五％の見返りを考えている」とのことであった。

この言動で藤田理事長の〝解任騒動〟が浮上する。反対派が翌八三年（昭五十八）七月、「藤田理事長の職務執行停止」などを求める仮処分申請を京都地裁に提出する事件へと発展した。この仮処分申請に対し、大阪高裁は八五年（昭六十）三月これを認める決定を下し、藤田理事長は辞任し、二年にわたる古文協の紛争は終結した。

それにしても不可思議なのは、藤田住職の自坊・西芳寺（苔寺）は課税外の寺ということだ。市の古都税構想では「拝観者数年二万人以上の三十〜四十社寺を対象に、一人五十円を拝観料に上乗せして徴収する」というものであるが、苔寺は拝観料三千円で予約制。拝観人数は二万人に達しないが、収入面では市内拝観寺院と遜色ないという。まことに妙案で、天下の〝苔〟寺のなせる技というしかない。

一方、同年八月十九日、京都市は対象寺院を集め、はじめて文観税に関する説明会を開いたが、会議は紛糾し、本題に入らないまま閉会。

この説明会後、反対寺院は、当時の京都市仏教会（小林忍戒理事長、以下、仏教会。なお仏教会の歴史については一六〇頁以下で詳述）を市側との交渉窓口として一本化しようとの動きがでた。

八月二十五日、拝観寺院百三十八か寺に呼びかけ対策協議会が開かれる。

九十か寺が出席（四十八か寺が委任状）し、同税反対を決議して市に決議文を提出した。また仏教会は対象寺院三十七か寺中三十一か寺から「京都市との折衝の窓口を京都市仏教会にする」という委任状も受理した。

九月七日、京都市と仏教会のはじめての公式会議が開かれるが、仏教会が同税復活の構想撤回要求書を提出し、一方的に閉会する。

仏教会は役員強化のため、一九八〇年（昭六十）三月、従来の京都府・京都市両仏教会の合同役員会を開き、両者を統合して、京都仏教会と称し四月一日から発足した。会長・東伏見慈洽青蓮院門主、理事長・松本大圓清水寺貫主、事務局長鵜飼泉道師、「文観税（のち古都税）対策委員会」委員長に松本理事長ら重要役員を選任した。

「古都税」問題の経過

一九八二年（昭五十七）七月二十七日、今川正彦京都市長が文観税復活検討を表明。

八三年一月十八日、臨時市議会が古都税条例案を委員会審議なしで即決。二月十四日、七十一か寺が京都地裁へ条例の無効確認訴訟を起こす。

八四年三月三十日、京都地裁が条例の無効確認を却下。

八五年（昭六十）四月十日、自治省（当時）が古都税を許可。七月十日、古都税実施。十八か寺が無料拝観で抵抗。うち十二か寺が順次、拝観停止（第一次）。八月八日、京都市と仏教会が急転和解。八月九日、十二か寺が拝観停止を解く。八月十日、市長選告示（今川市長再選）。十一月二十六日、仏教会が「八月八日和解のとき密約があった」と暴露。十二月五日、「密約」の履行求め、十二か寺が第二次拝観停止。十二月二十五日、弁護士グループが今川市長を公選法違反（利害誘導）で京都地検に告発。

八六年三月三十日、観光関連業界の要請で、十か寺が志《こころざし》をお布施袋に入れてもらうという納金方式で開門。七月一日、銀閣寺など六か寺が第三次拝観停止。八月三十日、「古都税を考える市民の会」が今川市長のリコール運動を始動。九月十六日、仏教会が「第二の密約があった」と暴露。

八七年一月十二日、仏教会が、同会参謀役の西山正彦氏と今川市長との「密約テープ」を公表。一月十六日、市が六か寺に財産差し押さえの予告通知書を発送。二月二十四日、協力社寺などでつくる「古都税対象社寺会議」が今川市長と市議会に、古都税の一時停止を要望。三月二十四日、京都地検が「市長は不起訴」を発表。五月一日、銀閣寺など五か寺が「解決のため」開門。六月二十四日、市議会与党四会派が古都税問題協議会を発足。八月十二日、今川市長が古都税を廃止する意向を表明。十月五日、市長が市議会に廃止を提案。十月十七日、市議会、古都税の年度末廃止を可決。

今川市長と東伏見会長の公式対面は二十五日、相国寺の承天閣美術館で開かれた古都税対象寺院会議で行われた。五年余にわたり京都をゆるがせた古都税問題も事実上ピリオドをうった。

この戦いは不遜な表現だが〝菊のご紋章〟と地方権力との対決と考える。

反対派の寺院には、天皇の御寺《みてら》といわれる泉涌寺や、皇室や親王家、あるいは大名縁《ゆか》りの門跡寺院が多い。ましてや途中から、東伏見門主が京都仏教会の会長に就任、反対運動の先頭に立たれた。

東伏見門主は昭和天皇の義弟、すなわち香淳《こうじゅん》皇后の実弟にあたる。また後半に仏教会の先頭に立った有馬頼底常任理事（のちの理事長）は、有馬男爵の一族で学習院初等科では今の天皇の学友でもあった。

今どき天皇家や宮家・公家の権威などあるわけがないと考えるが、千年の古都、京都では潜在的になにかと通ずる土地柄である。

一方、地方権力の長、今川市長は、出自は山口県で、東京大学農学部で農業土木を専攻さ

古都税　傷だらけ収拾へ

市長「混乱よくない」

仏教会歓迎「解決へ最後の機会」

「古都税条例、廃止へ」――。五十八年一月の条例可決以来、京都市と反対寺院のドロ沼の紛争が続いていた古都税問題の解決へ向け十二日午後、ニュースが駆け抜けた。苦悩の決断を「原点に」とのいい回しで示唆する今川京都市長。一方、寺側は市長発言の真意を測りかねながらも歓迎の意向を見せた。双方が傷つき、失ったものは多い。長すぎる古都税紛争の末、ようやくたどりついた一つの方向に両者は今後、どんな結論を出すのだろうか。

市長会見

「古都税は原点に立ち返って検討したい」。記者会見に臨んだ今川市長はさばさばした口調で二度、三度繰り返した。「廃止」の言葉こそ出なかったものの、古都税廃止への苦悩の決断がその表情からうかがえた。

午後三時から始まった会見では、先立って開かれた古都税協議会での報告内容を書いたメモを早口で読み上げた。「税は絶対に払っていただく」という原則論を前提にしながらも「いつまでもこうした混乱は好ましくない」「これからは宗教界と行政がどう協力していくかが課題」と事態収拾への柔軟な姿勢も見せた。二十分余りの短い会見だったが、終盤には硬い表情も崩れ、笑みものぞいた。

報道陣から「原点に戻るとは廃止を考えるということか」と確認の質問が飛ぶ。同席した奥野康夫市助役は「古都税問題が解決の方向に向かっているのは事実。いまはそのためのプロセス」と含みをもたせた発言で助け舟を出し今川市長の決断を裏付けた。

仏教会

京都市上京区の仏教会事務所。古都税に強硬反対し拝観停止戦術を繰り返してきた銀閣寺、広隆寺など京都仏教会側は、今川市長が条例廃止を示唆したのを受け、あいまいな市長発言に不満をもらしながらも「長かった。市も議会も寺も解決したいのは同じやから、最後のチャンス、争いはこれ以上避けたい」と歓迎した。午後、所用で立ち寄った清滝智弘仏教会常務理事は市長と市議会四会派の会合の成り行きを気にしながら「古都税条例廃止へ」との情報に「予想はしていたが、本当に廃止になれば、坊さんの信念が通したことになる」と喜びを隠せない。駆けつけた安井攸爾・銀閣寺副住職は「四年待ったんや。“廃止”の二文字が新聞の見出しになるのを…。廃止になったら、気が抜けてしまうわ」と冗談が飛び出したほど。今春の市議選以降、五月に銀閣寺など五カ寺が開門して市側にボールを投げかけた格好で、静観していただけに、寺側の期待の大きさがうかがえる。

だが同日夕方、自坊で記者会見に臨んだ清滝常務理事は市長の会見内容を聞き「最速球じゃないですね。山なりのボールではこっちには届きません」と今川市長の口から「廃止」の二文字が聞けなかったことを皮肉った。

夏休み中とあってにぎわう銀閣寺門前。「古都税廃止へ」のニュースに土産物店は喜び、観光客は「まだもめてるの?」（12日午後）

門前町、顔ほころぶ

「京のイメージ回復を」

拝観停止、和解開門を繰り返し、市と寺院との対立に泣かされてきた門前町。お盆の入りを前にした十二日、「古都税、廃止へ」のニュースが伝わると、土産品店は表向きは冷静ながらも「うれしい」と一様に率直な気持ちを打ち明けた。周辺住民や観光客のナマの声を清水寺と銀閣寺の門前で追った。

【清水寺門前】志納金方式で開門してから二夏目、門前はようやく以前のにぎわいを取り戻しつつある。古都税の新たな動きが伝わると、土産物店など観光業者からは「結構なこと」「喜ばしい」と異句同音に今後に期待する言葉が飛び出した。「具体的なことは何も言いたくない」と口をつぐむ人が多いなかで、土産物店主久世一寿さん(三七)は「廃止がいいかどうかは別にして、われわれには観光客が戻ってくることが第一。政治的に考えれば、方針がいろいろ変わるのは不信感を抱かせることだが、この件については出発点が間違っていたのだから、廃止になるなら大いに結構と思う」。また同田中博基さん(六二)は「客が戻りつつある今、もう二度ともめてもらったら困る。条例施行中の税は完全徴収など強い態度に出ず、歩み寄って京都のイメージ回復に努めてほしい」と語っていた。

一方、観光客は、門が開いていることもあり、古都税に関してはほとんどが無関心。倉敷市から家族旅行に来ていた会社員(三八)は「輸出関係の仕事上、外国人を案内して京都へよく来るが、お寺が開いてなかった時は京都に連れて来た意味がなく最悪だった。理屈ぬきで、寺が開くなら条例が廃止になってもいいんじゃないですか」と話していた。

【銀閣寺門前】「これまでは、たえず心のスミにまた閉門するのではーとの不安があった。それだけに古都税が廃止に向かって動き出したのなら、こんなにうれしいことはない」と、みたらし団子店を開く安西孝夫さん(六〇)。土産物店主の井上喜久治さん(六二)は、「仏教会のやり方に不満はあるが、市にはもっと失望した」と手厳しい。「われわれの商売はお寺があってこそ。どう決着するにせよ、（還付金として）協賛金を受けた分は、きっちり返さないかんのやし」といい、朗報と受け止めながらも紛争のツケを指摘した。

門前通りの住民の一人長谷川健三さん(七七)＝無職＝は「お寺には、ばく大な収入がある。何らかの方法で市民に還元しなければ、不公平感だけが残る」という。広島市から観光にきたOL(二三)は「まだ争っていたんですか。そういえば、門の横にそんなことを書いた看板が立ってましたよね」。

『京都新聞』1987年（昭和62）８月13日付

れたと聞く。中央官僚から京都市計画局長・技鑑・助役を経て、市長に就任した。在任中、大阪の枚方市東香里に住まうという、いわばよそものであり、京都の実情を知らない市長が選挙で選ばれたことは、京都にとって不幸であった。

女房役の助役の一人城守昌二氏は、京都岩倉の名家の出で、教育長から助役に抜擢された逸材で古都税推進の責任者であったが、強引な手法は、寺院側とより溝を深めることとなった。

城守助役に代わって交渉窓口についたのは、奥野康夫氏であった。東山区長・伏見区長など歴任し、助役に就任。一定の行政手腕を評価された方ではあったが、混乱の渦中にあって収束まで力量を発揮できなかった。

疑問に思うのは、市の金庫番である理財局長が、紛争の五年間に三名交代したことである。いずれも中央本省の出向組が多く、時期がくれば帰ってゆくので、文化観光都市の財政のあり方を真剣に考え、行政に反映させるいとまがないのではなかろうか。これまた、市民にとってはなはだ迷惑なことだ。

かくして「古都税」は付け焼刃な箇所が多々みうけられた。徴税対象寺院の途中変更、何の根拠で拝観者数を年二万人と線引きしたのか等々である。

古都税の市側の責任者城守助役は、かねがね市の公租公課は乏しい、市内には御所・二条城をはじめ広大な神社仏閣の境内地があるが、租税の対象とはならない。これにとってかわる方策が必要だというのが持論であった。

その矛先《ほこさき》を十八年前の覚書を破って「古都税」徴収に向けたのだった。

臨時市議会で可決後の記者会見で「市民代表による市議会の可決は錦の御旗だ。寺側が抵抗を続けることは、市民の寺に対する尊敬の念が低下し、寺の自殺行為となる」と言い切った。

だが、この強気の姿勢の翌日、予期せぬ事案が発生した。鳥居茂右京区長ら市幹部による公金詐取《さしゅ》事件が発覚した。古都税とこの不祥事とは一見関係がないようだが、対立の関係に微妙な影を落すこととなる。

鳥居区長の実家は、西大路四条の大きな寝具商を営み、地元ですこぶる評判も良く、地元に顔も広く右京区内の税徴収指定十一か寺とも太いパイプをもっているといわれていた。

鳥居区長の更迭《こうてつ》を受けて就任したのが、京都市動物園長で、しかも浄土宗西山禅林寺派専定寺（通称烏《からす》寺、東山区本町四丁目）の国枝隆信住職であった。新右京区長として交渉を試みたが、寺側の反発は強く、また同じ僧職という板ばさみもあって相当な苦労を強いられた。

この間、解決のため水面下では市幹部・市会議員・地元銀行頭取など、あらゆる人脈を使って寺院に働きかけていた。

しかし、オール与党の今川市政の驕《おご》り、その力を誇示した条例即決が、一区長の犯罪発覚で一転、市に大きな重圧となってのしかかり、解決への道が一歩一歩遠ざかっていったのである。

「古都税」を総括・出版

一九八八年（昭和六十三）二月、京都仏教会から古都税を総括した九百三十頁からなる大著が出版された。『古都税反対運動の軌跡と展望――政治と宗教の間で』と題し、序文は、東伏見会長が書かれている。その一部を要約すると、

寺の境内の一木一草総てが信仰の対象で、寺を訪れた人々に心の安らぎを与えるのである。説教と法要以外は宗教行為ではないという行政はよくよく理解しなければならない。

世間には、寺の拝観料は余分な収入であるとみられている風があるが、収入は不安定で古くは廃藩置県の時など寺領は没収され、宝物や境内地の一部や、殿舎まで売り払った

りした。これを見かねて、当時の京都府知事が徴収を勧めたのが、拝観料そもそもの始まりである。国の行った非を知事としての立場で償おうとしたもので、今日どうにか殿舎・宝物・庭園等を維持してゆける基となった。過去三度にわたる徴税は、寺のこういった歴史的背景や、宗教的意味などに対する認識を欠いたまま、行政として理不尽を求めたことになる。（中略）本書は、反対運動の中で、絶えず自問自答しつつ戦った僧侶の記録であり、学者や弁護士からは、この問題の起因する土壌を探り、史実を検証して、寺院の社会的存在理由にも論及して頂けたものと存じます。最後に、今後、政治と宗教の間の様々な問題に対し、本書が宗教界の指針となり、国民の皆さんに、寺院の在り方を含め理解を深めて頂く一助となることを……

と結ばれている。

概要は、

第一章　総論
第二章　古都税問題の多角的考察（注、四名の学者がそれぞれの立場から論究）
第三章　古都税裁判の論争点、第二次訴訟代理人団
第四章　シンポジウム「自由なる宗教の蘇生を求めて」

第五章　関係年表・解説
第六章　報道資料
第七章　第二次訴訟関係資料
第八章　第一次訴訟等関係資料
第九章　参考資料

そして、あとがきの筆者は有馬常務理事である。

その最後を「今回は、古都税を食い止め、廃止に追い込むことができた。しばらくは春眠の中に啼鳥を聞くのも、それが力の蓄えになるのでよしとしよう。しかし、時の流れは何時までもこれを許さないであろう。古都税の次にくるものに対し、向かって立つものは誰か。その人の前に本書を置きたい」と結んでいる。

（以上、京都仏教会編『古都税反対運動の軌跡と展望——政治と宗教の間で』を参照した）

市街地ビルの高層化に反対

京都仏教会は古都税問題の解決後、社会発信の第一弾として一九九〇年（平二）十二月、当時の田辺朋之市長に「歴史的景観を破壊する京都ホテルなどの高層化に反対する」という申入書を送ると同時に、拝観寺院の山門に看板を掲げ、万一完成しても同ホテルを利用しないよう呼びかける一大キャンペーンを繰り広げた。

その申入書では「最近、周辺緑地帯の不法乱開発に行政指導が後手に回る状況で、加えて京都市当局は近年、ビル建設の高さ規制の緩和など、京都の持つ伝統的景観を根本的に見直す行政政策を取ろうとしている」と指摘し、次の申し入れを行った（要旨）。

①周辺乱開発については、法を新しく適用するなど、厳正な対応を計られたい

②さらに厳格な条例を検討されたい

③現在の京都ホテルの六十メートルの高層化、京都駅の超高層化には反対である

④京都市のまちづくりにおける長期的ビジョンについての見解を示されたい

というものであった。

京都ホテルの前身といわれているのは「常盤ホテル」で、一八九一年（明二十四）五月、ロシアのニコライ皇太子が来日滞在中、警備の巡査が皇太子を斬りつけ、頭部が負傷する一大事件が起きた。ときの政府は驚愕、明治天皇が見舞いと陳謝にこのホテルに行幸されたという。この事件が遠因になって、今日の日露関係にも尾を引いていると考える人もいる。この事件で経営者は苦労がたたったのか、三年後に急死。その後、地元の料理旅館が買収し、

「京都ホテル」と改称したという。

老朽化にともなう改築にさいし、京都市の総合設計制度にもとづいて高さ制限緩和を申請。公共的な空間（公開空地）として敷地南側および西側を提供し、加えて地下鉄の出入り口（地域施設）の設置によって高さ六十メートルが認められた。

しかし、京都の景観論争に火をつけ、京都仏教会、一部の弁護士、市民団体などから大きな反対運動が起こった。

反対運動が強まるなか、同ホテルのT社長ら経営者と仏教会との話合いも行われたが、解決の糸口が見つからず、工事は強行された。

以後、経営的にも苦境があり、二〇〇一年（平十三）にホテルオークラと業務提携を結び、翌年、「京都ホテルオークラ」と改称し、再生を目指した。

仏教会等は、京都駅以南は制限を緩和し、旧市内は極力制限すべきと主張。この景観論争は、当時建設中だった京都駅ビルにも波及し、高さを五十九メートルに押さえたという。

一九九六年（平八）二月、第二十五代京都市長に就任した桝本頼兼氏は、同年五月から京都市景観法および京都市市街地景観整備条例の全面改正に着手。二〇〇七年（平十九）九月一日に施行されたのが、京都都市計画（京都国際文化観光都市建設計画）で、特に高度地区を十六に分類し、商業地域周辺や準工業地域の一部について、建築物の高さの最高限度を三十一メートルとした。

改築された京都大学医学部付属病院は、医療機関という公益性を考慮し、特例第一号として認められた。庇《ひさし》の深い屋根を採用するなど東山を背景とする景観に配慮しており、今後の特例の基準となろう。

一方、文化観光税の果実で建設され、シンボルともいうべき京都会館（京都市左京区）は、前川国男氏が設計した昭和の名建築である。すでに開館五十年を迎え、耐震性やホール機能、バリアフリー化などの問題点が指摘されたが、耐震補強等でさらに五十年は持つとされた。二十世紀モダニズム建築の再評価と継承を進める国際組織ドコモモ（本部・パリ）の「日本におけるドコモモ一〇〇選」にも選ばれ、保存が強く求められていた。そこで市は再整備構想を策定し、このほど基本設計が完成した。建て替える第一ホールは、世界水準の総合舞台芸術も含め多様な演目に対応する舞台にするため建物の高さを三十・八メートル確保し、歴史的な建物価値の継承に向けて会館を特徴づける大きなサッシ枠や屋上の庇を復元する。

総工費約百十億円をかけ二〇一三年（平二十五）九月に着工し、一六年（平二十八）一月の完成を目指すこととなった。ネーミングも「ロームシアター京都」と改める。

「京都仏教会」の歴史

ここで遅ればせながら京都仏教会の歴史を簡略にたどってみよう。その淵源は明治にさかのぼる。

『府百年の年表・⑥宗教編』によれば、一八九〇年（明二十三）十月、京都仏教会、京極誓願寺で発会式。一九一五年（大四）十二月、日本仏教連合会結成、誓願寺に出張所を置く。一九一七年（大六）三月、京都仏教護国団設立。一九四一年（昭十六）十二月、京都仏教文化協会結成。のちに大政翼賛会京都支部として、仏教各宗本山と文化団体を統合。翌四二年（昭十七）二月、日本仏教連合会京都府支部を「京都府仏教会」に改称。本部を京都府社寺課に置く。

これが今日の京都仏教会の前史であるといえる（七一頁以下の「市民権を得た僧侶」も参照）。

戦後は寺院間の交流をはかる任意の団体として存続、その行事は花まつり奉賛法要や市深草墓苑の骨灰法要、春秋に厳修《ごんしゅう》する新仏の追弔《ついちょう》法要、市中央斎場への参勤僧の派遣や、住職の勤続表彰、定期機関誌の発行等であった。

事務局の所在も、ときの理事長の自坊か、その指定の寺院などに置かれた。記憶に残る範囲で列挙すると、昭和四十年代千本釈迦堂・因幡薬師堂、同五十年代に入り住心院・聖護院、同六十年代ブラザービル（上京区）、そして平成二年相国寺門前に移り現在にいたる。

会長も梶浦逸外妙心寺管長、伴義台誓願寺管長、立部瑞祐仁和寺管長、そして現在の東伏見慈洽青蓮院名誉門主にいたる。主な理事長には山家恵誠・小林忍戒・松本大圓・有馬頼底の各師があげられる。

一九八二年（昭五十七）頃の会員数は約千五百か寺であったが、前述の如く八七年（昭六十二）に古都税問題とは一線を画した市中寺院約五百四十寺が脱退、京都府仏教連合会を組織した（一六三頁以下参照）。

古都税問題ののち、景観問題も市の景観条例の大幅改正によって解決したものの、京都市と仏教会との対話の窓口はなく、京都中央斎場への参勤僧派遣のみが古都税騒動中も続けられてきた。

一九九六年（平八）に入って、当時の高木寿一副市長が私のところへ「仏教会との対話の糸口」を作る方法について相談があった。

当時、私は総本山禅林寺の執事長の職にあり、たまたま四月八日の「おしゃかさまを讃える夕べ」（当時の都ホテルで開催）のさい、永観堂一山が法要に出仕することとなっていた。そこで「市文化観光局長がこの催しに突如出席し、祝意を申されては如何か」と答えておいた。当日、受付で招待者名簿がないと一問着したが、急遽、席が設置された。

それ以来、この催しには京都市長が正式招待のもと出席。窓口が開かれ、日を改めて京都商工会議所の稲盛和夫会頭（当時）仲介のもと、両者が一堂に会し、正式和解が成立したのである。

以後、仏教会は、仏教界の信頼回復と社会貢献のため次々と施策を発信している。その一例をあげると、「国家と宗教」研究会、「宗教と政治」検討委員会の開催、文化事業の音舞台などである。共同事業として、府市、商工会議所、観光協会や地域の各種団体、各寺院の協力のもと、三月に「京都東山花灯路」を催し、東山界隈に春の灯のぬくもりを市民や観光客に与えている。また八月には、京都の夏の風物詩〝京の七夕〟を堀川会場と鴨川会場で開催。地域総ぐるみでさまざまなイベントを行い、十六日にはそのときに寄せられたおよそ三千通の願い短冊の〝お焚き上げ〟が清水寺南苑で行われる。

京都府・市および関係諸団体との交流、協調イベントは相乗効果を生み、入洛観光客も五千万人にのぼっているという。

数々の諸事業によりその規模も年間七千五百万円に達している。全日本仏教会傘下の府県単位仏教会では最大のものではないか。

かくして、長年にわたって対立した一連の問題も解決、確執は解けた。京都仏教会は京都府・市などとともに〝国際文化都市、宗教都市・京都〟に向け、未来志向で協調し歩んでいる。

「京都府仏教連合会」の誕生

一九七五年（昭五十）後半から八五年（昭六十）初頭にかけて惹起《じやつき》した古都税問題を機に対象寺院と距離を置く、市中寺院を中心とした中京・上京など八支部、日蓮聖人門下連合会、さらに東西本願寺・知恩院・智積院・妙心寺・醍醐寺などの各本山、曹洞宗京都宗務所などが新たな拠点作りを表明した。

古都税問題とは一線を画し、仏教界の信頼回復と仏教者の役割を問い直そうと、一九八七年（昭六十二）九月十一日、西本願寺の本願寺会館において京都府仏教連合会の結成総会が開催され、各本山、単位仏教会、一般寺院など百五十名が出席、会則の承認、理事の選出などをへて初代理事長には西本願寺の渡辺静波師を選出した。

主な事業は、従前の仏教会とほぼ同じで、花まつり法要とパレード、成道会《じょうどうえ》（各山持ち回り）法要と永年住職勤続表彰、会報の発行などである。

なお連合会は上部組織である全日本仏教会に加入し、京都のみ二つの地方組織が容認されている。

分派から二十六年が経過し、両仏教会は対立から共存へ、京都仏教会の慶讃法要に一部本山が出仕するなど交流への動きもある。

とくに二〇一一年（平二十三）十月七日、京都仏教会と毎日放送が、西本願寺阿弥陀堂前で開催した「西本願寺音舞台（オンステージ）」は両仏教会にあたえた影響が大きく、対立の雪解けがはじまっている。

昭和天皇の和歌――つねに〝平和の祈り〟――

「昭和」邂逅3

昭和天皇の歴代最長寿八十七年の生涯は、かつてない激動・困苦と繁栄の時代とともに歩まれた。

そこには常に国民とともに平和への祈りがあった。

終戦後、みずから〝人間天皇〟を宣言されてから、作歌に力をそそがれ、題材を地方巡幸にもとめ、「祖国復興」が主題であった。

原爆犠牲の広島（昭和二十二年）のお歌

ああ広島平和の鐘も鳴りはじめ
　たちなほる見えてうれしかりけり

新憲法公布（昭和二十二年）

うれしくも国の掟のさだまりて
　あけゆく空のごともあるかな
平和条約発効（昭和二十七年）
　国の春と今こそはなれ霜こほる
　　冬にたへこし民のちからに

ここで私が理事長をしている社会福祉法人「同和園」と皇室とのかかわりについて述べておこう。

一九二五年（大正十四）十月二十九日、東伏見宮大妃来園。二九年（昭和四）六月、御大典建物一部払い下げ。三三年（昭八）、内帑金《ないどかし》下賜（四五年まで毎年下賜）。三七年（昭十二）六月二十四日、貞明皇太后御使視察。四七年（昭二十二）十二月二十二日、高松宮宣仁《のりひと》親王視察。翌四八年（昭二十三）四月、宮内府（のち宮内庁）下賜金の再開。

昭和天皇の地方巡幸は一九四六年（昭二十一）二月からはじまり、精力的に展開された。わが「同和園」には、一九五一年（昭二十六）十一月十二日、京都巡幸第一日目の最後の日程で午後四時過ぎ、初代理事長大西良慶和上が恭《うやうや》しく出迎えた（次頁写真参

昭和天皇　同和園ご台臨

照)。そのときのお歌。

清らなる家にすまひてよるべなき
老人もまたうれしかるらむ

(注:当時は〝よるべなき老人〟が中心であったが、今日の入居者は老人福祉・介護法にもとづくお年寄りである)

昭和天皇は自然科学者であり、病床中でも吹上《ふきあげ》御苑や皇居の庭園の風光を気にかけられている。一方、読書家でもあり幅広き分野にわたっておられたようだ。そのなかには多くの哲学書もある。

天皇家の祖は伊勢皇大神宮であるが、個人の内面的信教はご自由である。

容体が急変される二か月前、一九八八年

（昭六十三）七月に詠まれた歌が如実によく物語っている。

夏たけて堀のはちすの花みつつ
　ほとけのをしへおもう朝かな

天皇といえども有限の生命、いつの日か終焉がやってくる。一方、永遠不変の「天皇霊」は先帝のからだから継承する即位儀礼の「大嘗祭《だいじょうさい》」で、先帝の死の葬送儀礼から中断することなく一貫した儀礼プロセスから成り立っている。即位＝再生の儀礼である。

この独特の形式は一般にはわかりにくいし、政教分離の問題も、さきの昭和天皇崩御葬送のときをみても、混同している見解が多い。

二〇一二年（平二十四）二月、今の天皇が心臓バイパス手術を受けられた。宮内庁周辺からにわかに、皇室典範改正や女性宮家創設など皇室の将来のあり方などの問題が浮上してきた。加えて、今の両陛下が火葬や薄葬《はくそう》を希望しておられるそうだ。宮内庁には、役人・側近・政治家という側面が求められ、この葬儀の議論など皇室の伝統にかかわる問題には、しっかりした歴史観が必要ではないだろうか。

激動の時代、一身に象徴された天皇

「昭和」邂逅4

東山三十六峰の南端、月輪山麓は清らかな仙境で、皇室の菩提所御寺《みてら》泉涌寺がある。境内に多くの山陵がもうけられ、霊明殿には歴代の尊牌を奉祀して、冥福と国家安泰を祈る皇室の香華院《こうげいん》である。

ところが一八六八年（明元）の神仏分離令によって国家の祭祀は神道となり、従前下《か》賜《し》された法要料がなくなり、以後、寺独自の回願が厳修されている。

昭和天皇崩御（一九八九＝昭和六十四年一月七日）は、仏式ではすでに二十五回忌を迎えた。皇室ゆかりの門跡寺院はそれぞれ奉悼の法要を行った。

新憲法下初の「大喪の礼」は、政教分離の命題のもと手探りで執行されたことが当時の資料でうかがうことができる。

しかし日本の葬送儀礼の根底には深く仏教がかかわっている。その特徴は、北枕、供膳（杭飯《こうめし》）の伝統、葬儀に松明《たいまつ》や箒《ほうき》を用い、旗を立てる、葬儀の後にはお祓《はら》いや塩をまく等によって、「生と死をつらぬく固有の世界観」が神道式によっても共通している。

当時の新聞記事（一月七日付『朝日新聞』夕刊・九日付『京都新聞』）より臨終から御舟入儀式《おふないり》（仏式では納棺の儀）と大喪の礼をうかがう。

（前略）高木顕侍医長らによってご臨終が確認され医療器具などが取り除かれた。皇太子（現天皇）ご一家をはじめ皇族方が続々と集まり、「柳はし二本の先に脱脂綿をまきつけたもので、茶わんに入った水をつけて、皇太子から順に、陛下の唇におつけしてお別れをした」。「侍医団が陛下のご遺体を整え、お召し物を白羽二重の着物に替えてさしあげた」。

「八日夜、皇居・吹上《ふきあげ》御苑で亡き天皇陛下のご遺体をひつぎに納める〝御舟入《おふないり》〟の儀式が、白い布を敷き詰めた一階居間の〝槻殿《しんでん》〟に安置されたベットの上で行なわれた。……ヒノキのひつぎがご遺体のわきに運ばれ、常陸宮がサカキにお湯をつけ、白羽二重に覆われたご遺体に振りまいて清め、侍従と侍医がひつぎに納めた。

女官らが冠《かんむり》、表袴《おもてばかま》、組帯、ヒノキ扇、単《ひとえ》など古代の祭服をご遺体の上に乗せ装束を整え、側近がご愛用の眼鏡、書物、身の回り品、相撲番組表、顕微鏡など数十点をひつぎに入れ、そしてご安置の両脇に菊灯台と献花台が供えられた。

大葬の礼の二月二十四日まで日があるため、侍医がドライアイスのほか除湿剤を入れて遺体保存の措置をとった。……」とある。


本来葬儀の準備は、葬祭業者が執り行うのが一般的だが、宮中では侍従や侍医・女官らの公務員が行った。これは国の儀式だからである。

亡き天皇の棺《ひつぎ》の担《かつ》ぎ手は、これまで五百年以上にわたって歴代天皇の棺を担いできた「八瀬童子《やせどうし》」でなく、皇宮警察の護衛官約五十人が行った。

八瀬童子は京都洛北八瀬の人びとで、南北朝時代に京都御所を追われて逃げる後醍醐天皇を担ぎ助けたと伝えられる。以後、皇室とのつながりが強くなり、代々宮中の儀式に奉仕、明治・大正天皇の棺を担いだ。昭和天皇のときは、この慣習が五世紀ぶりに破られたのである。

しかし昭和天皇崩御のXデーにむかって数か月前からひそかに準備を進めていた業者

の秘話がある。宮内庁御用達のＩ社で本社は西本願寺前にあり、神仏の装束や用具を商いとする大手の業者である。

「御舟入」に必要な品々を整える用命を受け、とりわけ除湿剤には選《え》りすぐりの「備長炭」が使用され、その一本一本に白羽二重《はぶたえ》の布で筒袋を作るのには苦労したと前社長から直接聞いた。

後日談がある。その後、この社長の蹴上にある別宅も、三千院など門跡寺院とともに新左翼による放火事件に巻き込まれたことである。

二月二十四日、新宿御苑で行われた「大喪の礼」には、国の内外から約一万人が寒いなか参列した。まず皇室行事「葬場殿の儀」が行われ、ついで国の儀式「大葬の礼」に移る前に、幔門《ばんもん》という黒い幕が引かれ、鳥居など宗教色のあるものは取り除かれ、政教分離が形式上区別された。

「大喪の礼」は約一時間で終り、霊車を中心とした車列は一路八王子市の武蔵陵墓へ向い、まず棺を埋葬ののち「陵所の儀」の宮中行事が行われた。

棺は深さ約三メートルの地中の石槨《せきかく》に、北枕にして安置された。石槨のふたには「昭和天皇」の追号が記された御影石《みかげいし》が置かれ、その上にコンクリートを打ち、さらに土で覆われた。……

昭和天皇崩御の一連の行事はここに幕を閉じたのである。

（注：この部分は、仏教行事に類似したところのみ記述）

政教分離の新憲法下においても、今日、皇室（宮内庁）と仏教寺院との関係は続く。古来からの日本仏教は加持祈禱が中心で、常に国体の安泰と鎮護を祈願してきた。今日でも、真言宗各山が出仕し、東寺（教王護国寺）で毎年正月八日から一週間「後《ご》七日御修法《しちにちみしほ》」が厳修され、玉体（天皇）の安穏を祈願する。

比叡山延暦寺においても「安鎮家国法」という儀式をときおり行っている。この傘下の三千院門跡においても、毎年五月三十日に「御懺法講《おせんぼうこう》」が営まれている。これは人びとの悪行を悔い改め心を清める法要で、平安末期の一一五七年（保元二）、後白河天皇が宮中でおこなったのがはじまりと伝わり、これらの法要には宮内庁京都事務所長が参列している。

仏教各宗派の祖師や中興の祖にたいして、天皇から大師号や国師号が今日でも宣下されている。

諡号《おくりな》と言い、それぞれの宗派の祖師を尊んでつける称名で五十年に一度行う「大遠忌」法要のときに贈られている。私の知る範囲で紹介しておこう。

記録によると、八六六年（貞観八）、天台宗の最澄に伝教大師号を、九二一年（延喜二十一）、真言宗の空海に弘法大師号が宣下され、臨済宗の円爾弁円《えんにべんえん》には一三一一年（応長元）聖一国師、浄土宗の法然には一六九七年（元禄十）円光大師の号、つづいて一七一一年（宝永八）、法然五百回忌にあたり東漸《とうぜん》大師、以降五十年ごとの遠忌法要に慧成《えじょう》・弘覚《こうがく》・慈教《じきょう》・明照《めいしょう》・和順《わじゅん》大師の尊号が勅許され、平成に入って二〇一一年（平成二十三）の法然八百年遠忌法要には法爾《ほうに》大師の尊号が贈られている。

浄土真宗の親鸞は一八七六年（明九）見真《けんしん》大師、曹洞宗の道元が一八七九年（明十二）承陽《しょうよう》大師、日蓮宗日蓮は一九二一年（大正十）立正大師をもらっている。そのほか天台宗では元三大師・慈覚大師・智証大師などがあげられる。

法然の弟子証空《しょうくう》においても、滅後五百五十年の遠忌には、光格天皇から弥天《みてん》、以降も善慧《ぜんね》・鑑知《かんち》の国師の徽号《きごう》加贈の綸旨が下賜されている。その他、臨済宗相国寺派には夢窓国師・善明国師がみうけられる。

この大師号や国師号の勅許は、偉大な仏教家に贈られるのは当然だが、宗派によってばらつきがある。大師号は今日、二十四名の高僧に送られている。これは皇室との関係の深さや、今日いうところの申請主義だからで、権威主義を嫌う宗派もあろうし、それぞれの時代の政治状況が反映しているのではないかと思う。法然の大師号八回の授与は、浄土宗にとって徳川家は大壇越《だんおつ》として今日まで連綿してつながったその力の由縁でもあろうか。

第七章

地道な教育・福祉・医療の活動

仏教系学校の経営発展

過年、関東圏のある新仏教教団が行った社会調査の結果が報じられた。調査の設問内容や、その対照地域、年齢層など不詳であるが、仏教寺院の社会貢献度はまことに低く、その多くの解答者は葬式仏教のみだとの認識であった。

古来から京都の仏教寺院は教育（教化）・福祉・医療に地道な活動をおこなってきた。明治から大正に入り、社会構造の変化と思想・文化の推移は京都の仏教界にも影響をおよぼした。教団の近代化は教学面に重点が置かれ、明治末には学寮・大学林・宗立大学・僧侶養成機関が発展解消され、専門学校令の制定に呼応して、各宗はこぞって学校経営に乗りだした。

一九一四年（大三）、智積院《ちしゃくいん》が私立智山勧学院を設立。一七年（大六）には真言宗京都大学が開学。翌一八年の単科大学令の発令でこれらの宗門の最高学府はそれぞれ大学となった。大谷大学・龍谷大学（仏教大学を改称）につづき、一九二六年（昭元）には真言宗京都大学が政令によって真言宗京都専門学校（のちの種智院大学）となった。

一方、中・高等学校の経営も行われた。一九一三年（大二）、浄土宗の私立高等学校が私立仏教専門学校（のちの佛教大学）、二〇年（大九）には西山派の西山専門学校（のちの西山短期大学）と京都女子高等専門学校（のちの京都女子大学）が認可。二二年（大十一）には聖峰中学（永観堂、一九五一年（昭二十六）東山高校に吸収される）・日蓮宗明徳高校が、翌年は大谷中学、二五年（大十四）になると花園中学（のち学制改革により中学・高校が併設される）、向日市に西山高等女子高校が設立され、一般に入学を開放した。

そのほか東本願寺系の光華女子学園・同高校・中学校・小学校、平安中・高校（近年、龍谷大学の附属校となる）、華頂短期大学・同女子中・高校・同附属幼稚園や京都文教大学・同短期大学・同女子中・高校・同短大附属小学校、そして花園大学・同中・高校、東山中・高校などがあげられる。洛南中・高校（かつては東寺中・高校）といえば問題校であったが、洛南高校と改称し、教育改革によって全国有数の大学進学校となる。それぞれ歴史を重ねて今日にいたっている。

仏教系幼稚園は、府下で約四十五園、保育園は市内に約五十園存在する。近年の少子化の影響で、幼稚園は定員割れだが、保育園は待機児童がでるという現象が起こっている。

そこで幼稚園・保育園を統合した「こども園」の開設が検討され、二〇一二年（平二十四）夏の法改正により行政の窓口が一本化され、すでに全国で九百十一件ある（平二十四）。仏教系学校は、それぞれ教派の仏教精神にもとづくものであるが、ここで二、三のトピックを紹介しよう。

種智院大学の発祥は、弘法大師空海によって八二八年（天長五）十二月に九条坊門南、西洞院西に創設された綜藝《しゅげい》種智院で日本最初の教育機関だといわれている。

龍谷大学は、三百七十四周年を迎えた総合大学で、天下の東京大学よりその歴史は古い。学部は八学部、大学院は九研究科、キャンパスは深草・大宮・瀬田にあり、出先機関を東京オフィス、アメリカ・カリフォルニア州バークレーに置く、今やマンモス校となっている。

学長選挙は当然、公選制をとっているが、この巨大化は時として建学の精神を失墜することになる。歴代の学長は、文学部仏教学の専攻で、しかも真宗学出身者が大半を占めていた。それが、さきの選挙でクリスチャンの候補者が名乗りをあげ、学校理事者をはじめ教団関係者は制度を変更した経緯があると聞く。前学長の若原道昭氏は京都大学出身で教育学専攻である。二〇一一年（平二十三）三月に任期満了を迎えたことから、前年十二月に学長選挙がおこなわれ、文学部長の赤松徹真教授が前学長を僅差でやぶり当選した。専門は日本仏教史。奈良県宇陀市の浄土真宗本願寺派真光寺の住職である。

つぎに京都女子学園について。すでに、創立百周年（創始百十一年）を迎えた。女子の総合学園として小学校から大学院まであり、このほど、女子大系初の法学部の新設が認可された。

この学園の礎《いしずえ》を築いた甲斐駒蔵（一八六七〜一九六二）・和里子（一八六八〜一九六二）夫妻について述べておこう。

この総合学園は、創立からの歴史は独自なものがあった。親鸞聖人の仏教精神によって貫かれている。西本願寺の要職にあった足利義山の五女として広島に生まれた和里子は、一八九二年（明二十五）に同志社女学校を卒業した。ここで欧米化教育をうけ、仏教教育の必要性を痛感、一八九九年（明三十二）顕道女学院を創設。一九〇〇年（明三十三）その志と理念を貫くため、夫駒蔵とともに文中《ぶんちゅう》女学校を経営する。一九一〇年（明四十三）、西本願寺仏教婦人会の経営主体となった現在の学園に統合、二七年（昭二）までその教壇に立つのである。夫駒蔵は、大分県臼杵に生まれ、妻和里子と設立した文中女学校の校長を一九〇〇年（明三十三）から学園統合までの十年間務めた。文人画家でもあり南画家の帆足杏雨《ほあしきょうう》に師事し、画号を虎山《こざん》と称した。山水画を得意とし、賛は漢詩を多く引用している。今日でも美術商の図録で拝見することができる。

夫婦ともども明治から昭和期にかけての偉大な教育者で、ともに行年九十四歳と九十五歳の天寿を全うされたことは特筆される。

仏教教団の社会福祉

明治時代、仏教の社会的活動が慈善事業と感化救済事業の分野でかなりの成果を納めた。大正時代に入ると、第一次大戦・米騒動・経済恐慌・関東大震災と一連の社会的激動を反映して、社会事業に重要な役割を果たした。各教団の活動は、日曜学校や免囚の保護・救貧、医療、児童保護のための施設や養老院の設立など多岐にわたっている。

これには仏教婦人会の多大な協力があったことは見逃せない。西本願寺仏教婦人会（前述の京都女子学園を設立）、東本願寺の大谷婦人会、清水寺の音羽婦人会、禅林寺の禅林婦人会（昭和初期には全国十二支部、会員数二万有余人、一九三〇年（昭五）には永観堂幼稚園を設立、二〇一〇年（平二十二）に八十周年を迎えた）などがあげられる。

社会事業の種類は多種多様である。それを貧困・疾病・犯罪の三つに集約することができるが、今日では老人福祉が加わることとなる。今これらの施設をアトランダムに紹介する。

まず児童養護施設として歴史のある平安養育院（知恩院山内）は、明治の末頃に設立され、一九四五年（昭二十）にはその医療部を一般に開放し、五四年にはアメリカ人アィリッシュ（航空大尉）が資金を寄付、記念館を設立、六三年（昭三十八）には児童福祉の発展と実践調査研究を目的とした臨床センターを開設、この分野の先駆け的施設となった。知恩院境内の良正院は一九四〇年（昭十五）四月、保護少年・少女を収容補導するための大照学園を設立（一九四九年聾《ろうあ》児を収容し、六二年精神薄弱児施設となる）。また、一九六八年（昭四十三）には授産場《じゆさんじょ》も設置している。

一九四九年（昭二十四）四月、相国寺山内に児童福祉法による養護施設和敬学園が認可されているし、五九年（昭三十四）七月、左京区下鴨宮河町の迦陵園に聾唖児を収容するびんが寮が開設、いずれも今日におよんでいる。

東本願寺では戦後（一九四七年）、女性てん落者救護収容事業として洛北紫草苑を開設。これに対し、西本願寺でも一九五七年（昭三十二）、女子保釈者の母と子を収容保護する母子寮白光荘を設立している。

特異なのは戦前（一九三五年）だが、西本願寺婦人会が、五条署管内のカフェ女給たちの矯風会を結成していることだ。

そのほか感化保護司・教誨師の動向については省略する。

最後に超高齢化社会の今日、喫緊の課題である老人福祉の現況についてふれておこう。

日本の介護保険制度は、多種多様にわたっているが、大雑把にいって、在宅・地域密着型・施設の各サービスにわかれる。六十五歳以上の方がその対象だが（一部四十歳以上の特定疾病の方）、その窓口は各地域にある包括支援センターである。

この施設サービスの老人ホームが不足している。待機のお年寄りは二〜三年待たされるのが現状だ。仏教系のホームはその歴史も古く、一九二一年（大十）に京都仏教護国団が開いた京都養老院（のち同和園と改称）が最古参だ。二〇一二年（平成二十四）に創立九十一周年を迎えた同施設は、伏見区醍醐を中心に介護老人福祉施設（特別養護老人ホーム、定員二百八十八名）を運営し、養護老人ホーム九十名、ショートステイ四十名、ディサービスセンター七十名、居宅介護支援事業所、ヘルプステーションなどの事業をおこなっている。仏教系施設として今重きを置いているのは、人生最後の看取りにとりくむことである。また山科西野では認知症対応型通所介護、居宅介護支援もおこなっている。二〇一一年十二月には、日野地区に日野ディサービスとコミュニティの福祉センターを開設した。先述の如く一九五一年（昭二十六）十一月十二日、昭和天皇の行幸を仰いでいる（一六五頁参照）。また、一三年（平二十五）五月、社会福祉士のため園内保育所「ちくりん」を開設した。

市内には、寿楽園、健光園、清和園、洛東園、嵐山寮、水尾寮、壬生老人ホーム、山科積慶園、和順の里、つきかげ苑などの仏教系の施設がある。

京の医療の濫觴《らんしょう》

幕末から明治に入り、京都にもヨーロッパ医学導入の気運が高まった。ときの医学研究者であった明石博高（一八三九〜一九一〇）は旧知の岡崎願成寺の住職与謝野礼厳（鉄幹の師僧）に働きかけ、排仏毀釈《はいぶつきしやく》で失意の仏教界の新しい社会事業として病院設立のための建設費を捻出《ねんしゆつ》しようとした。

この呼びかけに慈照（銀閣）寺住職の佐々間雲厳、禅林寺（永観堂）住職の東山天華が発起人となって、病院建設を京都府に出願し採択された。一八七一年（明四）十月、府下寺院住職のなかから寄付集めの「勧誘方《かんゆうがた》」をもうけ、府下寺院だけでなく一般市民や府下の医師、薬舗にも働きかけ出資を募った。面白いのは、ときの遊女や芸者には花代の二十分の一を醵《きょ》出《しゅつ》させたという。

かくして一八七二年（明五）十二月一日、粟田口青蓮院に仮療病院が開設された（図版参照）。療病院の名称は、古く奈良時代、光明皇后の慈善事業「療病・施薬・悲田」の三院から命名されたものである。

開業式当日、門前に万国赤十字の旗がひるがえった。これには大口出資者の寺院がキリスト教の旗だと誤解、反対した結果、仏旗もかかげることで決着した。

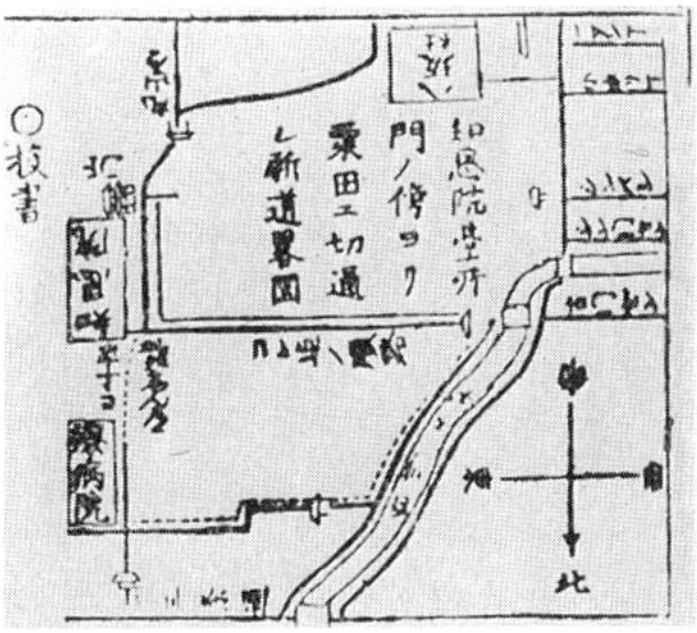

療病院附近要図（1872年）
（出典：『京都府立医科大学百年史』）

『京都療病院日講録　痘瘡論』

開業後、利用する患者は日増しにふえ、一八七四年（明七）の外来患者は千百九十二人、入院患者六十九人に達した。青蓮院のほか木屋町御池にも療病院を設置した。それでも患者の急増ぶりは目にみえていた。

そこで京都府は、あらたな土地を求め近代的な病院施設を整える必要にせまられた。一八七四年（明七）十月、河原町広小路の鴨川ぞいの広大な土地に療病院と医学校を建設することを決定、翌年から工事に着手した（次頁の写真上参照）。

そして、明治・大正・昭和をへて平成に入り逐次増築をくりかえし、巨大な病棟群が林立、その偉容は、文字通り京都府立の大病院へと発展しているのである。今日、役目を果たした青蓮院、木屋町御池跡にはそれぞれ療病院址碑があって往時を偲ぶことができる。

木屋町御池の跡地については後日談がある。

祇園の芸妓であった上羽秀女将が、東京の贔屓《ひいき》筋の援助を得て、一九五五年（昭三十）七月、銀座三丁目の文祥堂の裏に「おそめ」を開店した。

川口松太郎氏の『夜の蝶』のモデルという。

その同女将が、この跡地二百坪に作家や実業家・著名人の協力で一九六〇年（昭三十五）三月、「おそめ会館」を開店、京都の一大社交場として栄えていた。この栄華もやがて衰退

京都府立医科大学構内の療病院跡碑

木屋町御池の療病院跡碑(右)と“かもがわホール”

の道をたどり、一九七〇年（昭四十五）閉鎖された。

その後、駐車場となって久しかったが、やがて葬祭業「セレマ」が〝かもがわホール〟をオープンさせたのだ（前頁の写真下参照）。

大聖釈尊は、人生は「四苦」といったが、この場所は〝生老病死〟を地でいった感がある。

話題を少しもどすが、さきの療病院設立に次いで日本ではじめての公立精神病院「癲狂《てんきょう》院」が設立された。一八七五年（明八）、永観堂禅林寺の住職を投げうった東山天華上人が率先して資金を集め、南禅寺方丈を借りて発足した。

この病院には、特別な護体室がつくられた。これは弾力性のゴムで壁面をおおい、患者がいくら暴れても怪我をしないようにした、今日の日本の精神病院から見ても立派な施設だった。

向精神薬が開発されていなかった当時は、在院日数が長く財政的にもいきづまり、一八八二年（明十五）廃止せざるをえなくなった。

そこで東山天華上人は、医療器具や建築物・調度品のすべてを隣りの禅林寺（永観堂）境内に移し、私立の精神病院として再出発した。

しかし、学寮の設置が宗派で決定され、この病院は浄土寺馬場町に移され、今日も綜合医療機関川越病院として地域医療に貢献している。

僧医の人びと

高野山真言宗の元管長であった阿部野龍正師は呼吸器科の専門医で医学博士。長く国嶋病院院長の職にあった。国嶋病院はのち、薬師山病院（北区大宮薬師山西町）と改称。日本財団からの資金援助で、癌終末患者の緩和ケアのホスピスとして注目されている。

中京区六角通大宮西入の光明院（浄土宗西山禅林寺派、田中善紹住職）境内の一角に田中医院がある。町医者として地域に密着した医療を行っている。禁煙運動家としても夙《つと》に有名である。師はかつて大津市民病院の内科部長を務めていた。そのとき日本仏教界の最高峰、天台宗山田恵諦《えたい》座主が高齢で四大不調のため入院されていた。その主治医となった師は、高僧が病院で遷化《せんげ》（僧侶の死）されるのは忍びがたいと、秘かに坂本の滋賀院門跡へ搬送したのだ。その一週間後、弟子や家族、愛猫に看守られ、往生の素懐を遂げられたという。真の名僧医である。

その他、私の目のとどかないところでも僧医は活躍されているだろう。本願寺北の堀川通花屋町西南角に〝あそか診療所〟が開設されている。また古く一九四一年（昭十六）代には、太秦広隆寺住職が済世病院長として活躍した記録が残る。

浄土真宗本願寺派の元宗務総長豊原大潤師は大阪医専を卒業、鍼灸師でもあり、阪神・淡路大震災で西宮市の西福寺が罹災、遷化された（八十六歳）。生前は地域医療に貢献された。

また、同派は二〇〇八年（平二十）四月、親鸞聖人七百五十回大遠忌事業の一環として府下城陽市に「ビハーラ本願寺」を開く。ここには、老人ホームと緩和ケア施設・あそかビハーラクリニックが開設されている。

篤信の人・山口玄洞居士

逸聞3

山口玄洞居士は、広島県尾道市に一八六二年（万延三）生まれた。浄土真宗本願寺派真泉寺の門徒であった。京都に出て実業のかたわら、宗派にへだたりなく、所望に応じ浄財を寄進した。

その主なものは次の通りである。

大徳寺塔頭竜翔院
高雄神護寺
山科毘沙門堂門跡弁天堂　同上隠寮
青蓮院門跡隠寮
古知谷阿弥陀寺

醍醐三宝院の伝法学院
上賀茂円通寺観音堂
山科勧修寺大悲閣
愛宕念仏寺地蔵堂
転法輪寺

百万遍知恩寺大方丈　　　大徳寺塔頭正受院

右記のように、京都の諸寺院の新築・再建・修復をはじめ、庭園の造営・茶室の修改築など無数にのぼる。

また仏教啓蒙のため〝山口仏教会館〟を丸太町通寺町上る新烏丸頭町に建設した。今の京都市歴史資料館の位置である。

その寄付金額は当時で五百万円を下らぬといわれ、今の貨幣価値で換算すれば何十億円にもなるだろう。

とくに高雄神護寺においては、一九三三年（昭八）から三五年にかけて本尊薬師如来の安置された金堂を多宝塔などとともに寄進をうけた。

寄進をうけた寺々は、毎年盆暮や新年に松ケ崎小竹藪町（左京区の高野川西岸馬橋以北、北山通）の広大な邸宅に挨拶にうかがった。ときに寺々がその庭園で鉢合せしたという。

玄洞居士は、大阪でヨーロッパ製のラシャなどを扱う洋反物商として財産を築き成功した。

生まれ故郷の尾道では、地形上常に水不足で苦しんだ。一九二五年（大十四）に上水道を完成させた。総工費の八割近くが玄洞居士の寄付であった。他に学校・病院などにも巨費を寄付しながら何一つ名誉を求めなかった。「無功徳《むくどく》」の行をつらぬかれた。一九三七年（昭十二）、七十三歳で没。没後、尾道市名誉市民に列せられた。まさに篤信の人と仰ぐべき人師である。

（『府百年の年表・⑥宗教編』参照）

仏教者の「自死」の歴史

「昭和」邂逅5

仏教者の自死、自殺（往生）をとりあげる。有名なのは、清水寺の月照上人（三一頁以下参照）や一休禅師の例がある。一休は生涯常識にとらわれない「風狂」の精神を貫いたが、二十歳のとき、みずからの出自（後小松天皇の子でありながら六歳で出家させられた）から絶望のあまり、近江の石山寺近くの瀬田川に入水《じゅすい》自殺を図っている。一度、死を見た一休は、琵琶湖畔にある堅田の禅興庵で厳しい修行のすえ、悟りをえたという。「人を論じるに必ず出自や家柄の尊卑を問題にするが、出家して仏陀の弟子となったからには、仏法をもって身をたてるべきだ」とつねに禅門を批判したのだ。

さらに十五世紀から十六世紀にかけ、眼前の死を越え生を求め、みずから、あるいは宿命的に棺舟《ひつぎふね》で観音浄土へ旅立った熊野那智の補陀落渡海《ふだらくとかい》がある。

この捨身行《しやしんぎよう》は、水葬・入水往生などの性格をもちあわせている。観音浄土を現世に求め、生身のまま海を渡っていくところに本義があった。「死」の形態をとりながら「生」への志向性に支えられていたといえる。

阿弥陀信仰は西方浄土の山越えより来迎仏《らいごうぶつ》を拝するのに対し、観音信仰は、南海はるか彼方《かなた》の洋上に浄土を求めて船出したという特色があろう。

根井浄《ねいきよし》・元龍谷大学教授の研究によると、十六世紀の二十六件をピークに全国で五十七件確認されている。文字通りの「水葬」であるが、生きて沖縄に漂着したものも一例あるという。

至近な平生《へいぜい》往生を紹介しておこう。

私の寺の大檀越《だんおつ》でその先代の年忌法要が営まれた一九六五年（昭四十）十月のことである。縁故寺院の老尼僧が招待され、本堂では私の後方別座に着座した。

施主をはじめ多くの参詣者が揃ったところで読経がはじまった。経文の後半「仏徳の広大さを讃歎する」ところにいたったとき、唱和する老尼の声が途絶えた。振り向くと平身低頭、合掌礼拝のまま極楽往生されていた。まさに大往生の一瞬だった。

生涯忘れることができない!!

一方、専修念仏者の入水捨身往生もある。私の縁故寺のある愛知県刈谷市西境町前山で、一八六五年（慶応元）十月十五日に起こった。

その『入水往生伝』によると、四名の尼僧が師僧の許しを得て附近の池に入水している。

亮月・亮順・亮信・亮縁という僧尼で、年若冠十七歳、剃髪《ていはつ》してわずか三十六日なれど、称名念仏一日三万遍を唱え、もっぱら捨身往生を願ったという。池の堤には草履《ぞうり》四足と、その夜は風雨のため傘二本が残されていた。村人はその周辺で紫雲がたなびき、瑞光《ずいこう》が射したのを見たと言い伝えられている。

件作《けんし》（役人）が、この四人を引きあげると、「顔色うるわしく、笑《えみ》を含みて、合掌の左手の念珠はそのまま残され、死への恐れ気配なし。並の水死とは大異なり」といって去ったという。

奇瑞《きずい》の現象は、おそらく台風の襲来で、雲龍たつが如く、雷光《いなびか》りが走ったのだろうが、信心の深さがしのばれる。ただしこの『入水往生伝』の末尾には、初心のもの夢々真似てはならぬとも警告している。

第八章

京の寺々

通称寺と綽名・異名の寺

『宗教年鑑』（文化庁刊、毎年発行される）によると、日本の仏教寺院は七万七千余、京都府下で三千三百か寺、市内には一千六百余か寺が存在する。全国都道府県別では京都は六番目となる。

人びとは京都が一番多いと思っているようだが、愛知↓東京↓大阪↓兵庫↓滋賀↓京都の順となる。

日本仏教の多くの本山や名刹寺院が集っているからそのように思うのだろう。

寺院には、寺号とは別に称号として山号・院号（尊号・別称）をつけている。

一例として私の所属する本山は、聖衆来迎山《しょうじゅらいごうざん》無量寿院《むりょうじゅいん》禅林寺という。通称永観堂である。

中興と仰ぐ永観《ようかん》律師の遺徳をしのんでつけられたのだろう。読み方も今は永観《えいかん》堂である。通称の方が知られている。

寺院名の由来は、仏教教典や仏教用語からあるいは中国の古寺から引用されている。本願寺ならば、浄土教の〃仏の本願に乗じて阿弥陀仏国に往生せん……〃によるが、その他数々のところで出てくる。念仏寺・光明寺・阿弥陀寺・法界寺・帰命院・極楽寺等々、経本のなかから出典されていることがうかがえる。

中国の場合、五台山・天台山などにある寺々から名づけられている。五台山清凉寺、黄檗山万福寺、万年寺、南禅寺、相国寺、仏光寺、金閣寺、竹林寺、涌泉寺、吉祥寺、天台山禅林寺、修禅寺などである。

通称名の寺が実に多い。京童が、
ああ、真如堂、飯、黒谷さん、ここらで一服永観堂、そんなうまいこと、南禅寺「ああ、しんど。ここらで飯をたべよう」

の語呂合わせで、東山の観光コースの寺院を読み込んだ、しゃれ歌がある。

真如堂は真正極楽寺、黒谷さんは金戒《こんかい》光明寺。金閣寺は鹿苑寺、銀閣寺は慈照寺と呼ばれる。以下、行政区別に一例を掲げる。

［北区］

十二坊（上品蓮台寺）　椿寺（地蔵院）

［上京区］

清荒神（護浄院）　千本釈迦堂（大報恩寺）

茶くれん寺（浄土院）　逆流れ（真教寺）

鳩寺（宝樹寺）　歯刹（長徳寺）

だるま寺（法輪寺）

［左京区］

五大力・準提さん（積善院）　大文字寺（浄土院）

蛇寺（摂取院）　百万遍（知恩寺）

お猿畠（法性寺）　松虫鈴虫寺（安楽寺）

［中京区］

革堂（行願寺）　虎薬師（西光寺）

六角堂（頂法寺）

［東山区］

八坂庚申（金剛寺）
大仏（方広寺）
三十三間堂（妙法院）
那須の与一（即成院）
木食寺（安祥院）
きゃらかん（青竜寺）
目疾地蔵（仲源寺）
米嚙み僧樸の寺（宏山寺）
筆塚（正覚寺）
雪舟寺（芬陀院）
八坂の塔（法観寺）
あらい地蔵（寿延寺）
子安塔（泰産寺）

［山科区］

小野寺（随心院）

［下京区］

因幡堂（平等寺）
猿寺（正行寺）
お西さん（西本願寺）
お東さん（東本願寺）
銀杏寺（勝光寺）

［南区］

弘法さん・東寺（教王護国寺）

［右京区］

太子さん（広隆寺）　大根焚寺（了徳寺）

長者地蔵（竹林寺）　どんげんさん（曇華院）

［西京区］

鈴虫寺（華厳寺）　苔寺（西芳寺）

大悲閣（千光寺）　三味線寺（東山月心院）

［伏見区］

日野薬師（法界寺）　袈裟と盛遠の寺（恋塚寺）

たぬき寺（西運寺）　牡丹寺（本教寺）

桜寺（墨染寺）　螺鈿の寺（松影寺）

五百羅漢（石峰寺）

赤門寺は市内に七、八か寺ある。

（出典：『京都府寺院名簿』、京都府仏教会、一九八四年）

近年は通称寺会ができたり多彩である。

室町幕府は禅宗を手厚く保護した。とりわけ京都五山が主流となり、教養文化の発展の中心的役割を果たした。幕府の衰亡にともなって、五山以外の大徳寺、妙心寺派や曹洞宗に勢力をゆずるにいたった。

この京都五山は南禅寺を別格とし、天龍寺・相国寺・建仁寺・東福寺・万寿寺の順に位置づけられている。万寿寺は戦国時代に東福寺の北に移転し、今は往時の面影はない。

京童は仏教を畏敬する反面、信仰と求道の場である寺院にその寺風に応じて綽名をつけた。建仁寺の学問づら、大徳寺の茶人づら、妙心寺の算盤づら、東福寺の伽藍づら、相国寺は声明づら、南禅寺は武家づら、または役人づらという。

建仁寺は京都で最古の禅寺で、歓楽街の一隅に質素な佇いの伽藍ながら学問戒律を守っているし、大徳寺は千利休ゆかりの茶道の寺。

妙心寺は子院塔頭寺院四十一か寺と、全国に三千四百余か寺を有する臨済宗最大で財政豊かな教団だから。

東福寺は三門・僧堂をはじめ諸堂宇は偉容で、加えてもみじの通天橋の風情を指すのだ。

相国寺は、開山夢窓国師・二世善明国師がいずれも清雅な音声をもち、その声明、独特な節《ふし》廻しがこの寺の特長で声明づらというらしい。

南禅寺の異名《いみょう》は、金地院崇伝《すうでん》（一五六九〜一六三三）の存在からであろう。徳川家康のブレーンとなり、「伴天連追放令」「武家諸法度《はっと》」「寺院法度」などを起草。臨済宗のトップとなり、「僧録司」につき、すべての宗派の僧侶を統制下に置いた。その行政能力、権勢が恐れられ「黒衣の宰相」とよばれた。

浄土宗各本山と時宗の十三本山の執事長が組織する「浄宗会」（事務局：知恩院山内浄土宗宗務庁内）がある。

年二回会場を各本山持廻りで交流を深めるため開催されている。座長は浄土宗宗務総長があたる。

私が永観堂執事長時代に長野善光寺大本願で開かれた。当時、浄土宗宗務総長は寺内大吉師であった。本名成田有恒（一九二一〜〇八）、東京都世田谷区の大吉寺の住職。のち増上寺法主。

文人で「はぐれ念仏」で直木賞を受賞。他に多くの各種受賞歴がある。スポーツ評論家としても活躍し、キックボクシング・競輪・野球・相撲の評論活動もおこなった。

ベレー帽をかぶったテレビ出演は有名であった。あるとき大相撲観戦中をテレビで放映され、京都での重要な会議をドタキャンしたことがわかり物議を醸《かも》したこともある大人である。ペンネームの寺内大吉は郵便物の宛名「大吉寺内　成田有恒様」の大吉と寺内を引っくり返したものだという。

善光寺の浄宗会の後、懇親会で私に、「京都の本山にはニックネームがあるので教えよう。仲の悪かった京都側（知恩院）と関東側（増上寺）は互いに華頂のお山は恩知らず、片や、芝のお山は増上慢とののしった」と同師はいう。華頂山知恩院の名を転倒させ、恩知らずと、縁山増上寺は関東一の大本山で、港区芝公園にあるため、芝のお山となり、増上寺側の関東寺院が強く、増上慢とは次第に高慢になることで、関西側のいうことを聞かなかったためらしい。

百万遍知恩寺、黒谷金戒光明寺、広小路清浄華院の各本山にもそれぞれ綽名を披露していただいたが、言うに忍びず、筆にするに堪えがたい罵詈雑言《ばりぞうごん》であったので略すこととする。同師から最後に「永観堂さんにはニックネームは」と尋ねられないと答えると、じゃ私が付けようと、しばらく考えられ〝金の成る木の永観堂〟と命名された。相撲の〝一年を十日で暮らすいい男〟（昔は年一場所で十日制であった由）から転じて、秋の紅葉のシーズンの盛況からのものであったかと思うが、紅葉の管理も年中行っている苦労もご存知だろうかと思いつつ、この言葉をいただき長野善光寺を去った。

ご利益を求めて京の寺めぐり

京都には古来からさまざまな巡礼コースがある。日本人は多神教で、神仏を平等に拝み矛盾を感じない。巡拝という非日常的行動のあとには娯楽が待っている。寺院につながる盛り場は、つねに聖・俗・遊の三重構造をなし、人びとはこの娯楽を通して宗教的安心《あんじん》を得ているのかも知れない。

京極誓願寺が六つの霊場をかねているのもまさにその由縁からであろうか。

弘法大師ゆかりの四国八十八か所霊場を模した**御室八十八か所霊場**がある。一八二七年（文政十）、当時の仁和寺門跡済仁《さいにん》法親王が、寺の侍医久富遠江守に伊予・土佐・阿波・讃岐四か国を巡拝させ、各霊場の本堂下の御砂を持ち帰り、仁和寺の大内山《おおうち》、成就山《じょじゅ》に霊場を開いた。

この御室八十八か所は巡拝距離が三キロ、二時間で参拝できる。毎月二十日と二十一日の弘法大師縁日には参詣者が多い。

正月は縁起のよい七福神を巡拝する。「七難即滅、七福即生」を祈願する七福神めぐりが、京都には五か所ある。

七福神は、インドの大黒天・毘沙門天・弁財天、中国の福禄寿・寿老人・布袋、日本の恵比須で、室町のころ禅と茶道の流行から竹林の七賢人が人気をよび、床掛けに絵が飾られた。この七賢になぞらえ福の神を集め七福神が決まったという。

古い記録では、文政年間（一八一八〜二九）に**東山七福神巡り**があり、恵比須＝えびす神社、大黒天＝清水寺、毘沙門天＝東福寺、弁財天＝円山、福禄寿＝双林寺、寿老人＝伏見稲荷、布袋＝長楽寺が賑わったそうだ。

今日では一九七九年（昭五十四）に編成された**都七福神めぐり**のえびす神（えびす神社）→大黒天（妙円寺）→毘沙門天（東寺）→弁財天（六波羅蜜寺）→福禄寿（赤山禅院）→寿老神（革堂）→布袋尊（万福寺）が盛んである。

京の七福神めぐりは、毘沙門天（山科毘沙門堂）→布袋尊（長楽寺）→えびす神（えびす神社）→大黒天（松ケ崎大黒天）→弁財天（三千院）→福禄寿（護浄院）→寿老神（革堂）となっている。

また一九二二年（大十一）に結成された**京都七福神めぐり**は、大黒天（妙円寺）→弁財天（妙音寺）→毘沙門天（蘆山寺）→福禄寿（遣迎院）→恵美須神（護浄院）→寿老神（革堂）→布袋尊（大福寺）である。

その他、**天竜寺七福神めぐり**は塔頭七か寺で、**泉涌寺七福神めぐり**も山内で参拝することができる。

六地蔵めぐり。毎年八月二十二～二十三の両日、善男善女で賑う六地蔵めぐりは、地蔵信仰(小野篁《たかむら》、八〇二～八二一)が起源といわれ、江戸時代に盛んとなった。京の出入口六か所に、それぞれ六角堂を建てて地蔵尊を安置した。

この信仰は、六道(地獄・餓鬼・畜生・修羅・人間《じんかん》・天上)に迷い苦しむ衆生の救済を願ったもの。

一番大善寺(伏見区桃山西町)、二番徳林庵(山科区四ノ宮泉水町)、三番上善寺(北区鞍馬口通寺町東)、四番浄禅寺(南区上鳥羽岩ノ本町)、五番桂地蔵寺(西京区桂春日町)、六番常盤地蔵(右京区常盤馬塚町)となっている。

洛陽六阿弥陀めぐり。第二章の「新京極のにぎわいに貢献の寺」(五四頁以下参照)でふれたが、この六阿弥陀めぐりは、一七一七年(享保二)洛東安祥院の開基で大阿闍梨の木食《もくじき》正禅《しょうぜん》上人が発願したと伝えられる。功徳日《くどくび》は毎月違い、三年三か月続けて参詣すると無病息災、家運隆盛、祈願成就する。いずれの寺も由緒由来のある名弥陀を安置している。

その他、西国三十三所観音霊場を模した**洛陽三十三観音霊場**(『京羽二重』江戸時代)、洛陽四十八願寺、法然上人京都二十五霊場があり、また薬師信仰を巡拝する「京都十二薬師霊場」が八十年ぶりに復興した。さらに「洛陽妙見十二支めぐり」「京の大黒さんめぐり」「京の三弘法めぐり」「京の三庚申《こうしん》」「洛西観音霊場めぐり」などと多彩である。

（一部参照：田中泰彦『京の福神めぐり』、京都新聞社、一九九〇年）

南禅寺管長の「自死」——真相は五里霧中——

「昭和」邂逅6

臨済禅の京都五山の一角、南禅寺の管長が自殺（死）したと、マスコミが一斉に報じた。一九八三年（昭五十八）十一月十八日の出来事である。

仏教界をはじめ多くの人びとは驚愕した。禅を悟り、その宗派の頂点に立った人の死である。しかも何故自死という挙に出たものだから。

勝平宗徹《かつひらそうてつ》管長その人である。保寿六十一歳の死。

一九二二年（大十一）、島根県に生まれる。一九三三年（昭八）、松江市万寿寺の徒弟となる。四四年、東京大学に入学後、海軍に入隊。四六年復学、四九年卒業。五一年南禅寺僧堂に入り、柴山全慶師に就いて参禅。六二年万寿寺住職、六七年南禅寺僧堂師家《しけ》。七六年南禅寺派管長となる。

老師は僧堂の師家（修行僧雲水の指導者）もかね、毎年定期的に行われる修行（大接心《だいせっしん》）の最中でもあった。

境内は折りからの観光シーズンで、紅葉狩りの行楽客で賑っていたが、僧堂内が一大事件で混乱におちいったことは想像にかたくない。

少し人の死について触れておこう。まず、内因死と外因死に分けられる。内因死は、病死と老死である。外因死は横死《おうし》ともいわれ、殺害・災禍など不慮の死がある。不慮の死といっても最近では多岐にわたる。

交通事故死、事故死、溺死、凍死、爆死、遭難死、焼死、衰弱死、医療事故死など。加えて自死（自殺）があり、わが国では年間三万人を越えるといわれている。

文筆家の嵐山光三郎氏が自殺について次のように分析されている（『週刊朝日』二〇一二・八・三日号）。

自殺には「社会的意識の死」（責任をとる死）と「名誉の死」（個性を発見する死）と「追い込まれた死」（貧困や病気による死）がある。……自殺は「自分に対する暴力」である。

「追い込まれた死」には、いじめ、会社倒産、離婚、生活不和などにより、世を儚《はか》なみ死の旅路へ急ぐものもある。

老師の自死の場合、真因は何であったのだろうか。

かつて淡交社から『古寺巡礼京都・南禅寺』が出版された（一九七七年）。そのなかに「禅の生活」と題して一文を寄せられている。

禅の生活について、「看脚下《きやつかをみよ》」「行亦禅《ぎようまたぜん》」「日日是好日」の用語を通して説かれ、最後に「花語らず」の項で、先師柴山老師の詩を紹介しておられる。

　花語らず
花は黙って咲き　黙って散ってゆく
そして再び枝に帰らない
けれども
　その一時一処に
　この世のすべてを托している
一輪の花の声であり
一輪の花の真である
永遠にほろびぬ　生命のよろこびが

悔なくそこに
輝いている

花に托して禅を生きる道を説かれたものである。

たった一度の人生、永遠の生命に生かされた尊い人生を、悔なく、輝きあるものにと念じる、と。

管長として、僧堂の師家として、ひたすら法灯を守り、雲水の育成に心血を注がれたと思う。

「釈迦・達磨は今も修行中」といわれ、維摩居士《ゆいまこじ》は「衆生病むが故に我病む」と示されている。修行に終着駅はない。この道場はいわば始発の駅にすぎない。たとえ軌道が敷かれていても、やはり機関手が誤りなく運転せねばならない。それが私に課せられた、尊い・重い、そしてやり甲斐のある仕事であると、乗客である雲水に逆に励まされて日日修行を怠らぬよう務めたいと思う——とも。

老師の心底をうかがうことは到底できまい。

禅宗でも妻帯する方が多い昨今、老師は生涯独身で、自分を律する厳しさは有名であったようだ。

同じ禅宗の管長でも相当さばけた人師がおられた。高級ホテルで逢瀬をかさね、大衆週刊誌にスクープされている。でも人気があった。

私も拝眉《はいび》をえたが、老師は非常に真面目で純粋な人であった。

やがて修行を積まれ、みずからの立場に思いを馳せながらも〝永遠の生命〟を追求されるほどに、現実の〝生〟へ〝死〟をずっと近づけられたのではないか。生死一如《しょうじいちにょ》である。

「生寄死帰《せいきしき》」（『十八史略』夏后氏《かこうし》）という四字熟語がある。「生は寄なり、死は帰なり」という。人生は、この世に身を寄せる仮りの宿としているだけ、死ぬことは故郷に帰ることなのだ、という中国禹《う》帝の言葉もある。

またある医師は「どんなに厳しい修行を積んでも、六十を過ぎてもしうつ病にかかれば、急に絶望感にまで行ってしまうことがある」と。

老師の自死の真相は五里霧中である。

あとがき

かの大戦から六十八年、京都は幸いにも被災せず焦土からまぬかれた。主要都市の焼跡からの復興は、世界が驚くほど早かった。

日本は戦争が何だったか分からぬまま、敗戦を総括しないまま、突っ走り今日の繁栄をもたらした。もはや戦後ではないと言われて久しい。むしろ風化し「戦後」の二字は死語となった。

その間、京都の仏教界は幾多の変遷を経た。しかし、その体質は少しも変わっていないと思う。

私は、いろいろのかたちでこの仏教界にかかわった。そして、多くの人びとに接し、教えられ、導かれ、育てられ、数々の恩恵に浴してきた。

最近、無常にも先輩や大徳らが遷化《せんげ》（逝去）され、浄土へと送った友人・知人が多くなった。私も八十路を迎えたので、今日までの見聞したことが忘却の彼方へ消え去ることなく、記憶の薄れない今、語り部の一人として回想し、残しておこうと筆を執った次第である。

申すまでもなく、仏都京都は各宗派本山や名刹が集中する。日本唯一の宗教記者クラブがあるごとく情報にことかかない。

本書は京都の仏教界の動きを網羅したものでなく、一市井の老僧の記録である。項目のなかには、個人に関連するものが多々ある。いわば、独断と偏見で「重箱の隅」をつつくような記述であるかも知れない。

誰も知らなかったこと、感じなかったことなどもこの文に赤裸々に投影してみた。ピンホールからみたせまい仏教の世界、でも古都千年の仏教寺院のひとときの側面であろうし、他方、私の〝自分史〟回顧録ともいえる。

本書はかつて宗教紙『文化時報』に折々に寄稿した原稿をもとに推敲を重ね、大幅に項目を加筆したものである。

〝序にかえて〟は京の仏教史を簡略に梗概した。本書にない事象について、少し詳細に述べ、終わりに仏教者のあるべき姿を愚考した。

最後に、学術出版を旨とされる株式会社思文閣出版が、本書の如き軽薄な異色の拙文の出版を快く了とされたことに対し、深甚の感謝を述べる次第である。

長田岳士相談役、とりわけ原宏一取締役部長には細部にわたってご指導をいただいたこと

厚く御礼申しあげる。合掌

平成二十五年七月

著者

◆著者略歴◆

五十嵐隆明（いがらし・りゅうみょう）

1933年京都府に生まれる
龍谷大学文学部卒業
総本山禅林寺第八十八世法主
浄土宗西山禅林寺派元管長
学校法人永観堂学園永観堂幼稚園元総裁・理事長
社会福祉法人同和園理事長
養福寺名誉住職
著書『自分らしく生きる――他力への道』
共著『いま聞きたいこの人の教育観21』
共著『京都永観堂禅林寺の名宝』
現住所：京都市左京区八瀬野瀬町48

老僧《ろうそう》が語《かた》る京《きよう》の仏教《ぶつきよう》うらおもて

2013（平成25）年7月31日発行

定価：本体900円（税別）

著　者　五十嵐隆明
発行者　田中　大
発行所　株式会社　思文閣出版
〒605-0089 京都市東山区元町355
電話 075-751-1781（代表）

印　刷
製　本　株式会社 図書印刷 同朋舎

ISBN978-4-7842-1683-3　C1021